Kohlhammer

Störungsspezifische Psychotherapie

Herausgegeben von
Anil Batra und Alexandra Philipsen

Weitergeführt von
Anil Batra und Fritz Hohagen

Begründet von
Anil Batra und Gerhard Buchkremer

Eine Übersicht aller lieferbaren und im Buchhandel angekündigten Bände der Reihe finden Sie unter:

 https://shop.kohlhammer.de/stoerungsspezifische-psychotherapie

Petra Dykierek
Elisa Scheller
Elisabeth Schramm

Interpersonelle Psychotherapie im Alter (IPT-Late Life)

Ein Therapiemanual bei Depression im höheren Lebensalter

Verlag W. Kohlhammer

Dieses Werk einschließlich aller seiner Teile ist urheberrechtlich geschützt. Jede Verwendung außerhalb der engen Grenzen des Urheberrechts ist ohne Zustimmung des Verlags unzulässig und strafbar. Das gilt insbesondere für Vervielfältigungen, Übersetzungen, Mikroverfilmungen und für die Einspeicherung und Verarbeitung in elektronischen Systemen.

Pharmakologische Daten, d. h. u. a. Angaben von Medikamenten, ihren Dosierungen und Applikationen, verändern sich fortlaufend durch klinische Erfahrung, pharmakologische Forschung und Änderung von Produktionsverfahren. Verlag und Autoren haben große Sorgfalt darauf gelegt, dass alle in diesem Buch gemachten Angaben dem derzeitigen Wissensstand entsprechen. Da jedoch die Medizin als Wissenschaft ständig im Fluss ist, da menschliche Irrtümer und Druckfehler nie völlig auszuschließen sind, können Verlag und Autoren hierfür jedoch keine Gewähr und Haftung übernehmen. Jeder Benutzer ist daher dringend angehalten, die gemachten Angaben, insbesondere in Hinsicht auf Arzneimittelnamen, enthaltene Wirkstoffe, spezifische Anwendungsbereiche und Dosierungen anhand des Medikamentenbeipackzettels und der entsprechenden Fachinformationen zu überprüfen und in eigener Verantwortung im Bereich der Patientenversorgung zu handeln. Aufgrund der Auswahl häufig angewendeter Arzneimittel besteht kein Anspruch auf Vollständigkeit.

Die Wiedergabe von Warenbezeichnungen, Handelsnamen und sonstigen Kennzeichen in diesem Buch berechtigt nicht zu der Annahme, dass diese von jedermann frei benutzt werden dürfen. Vielmehr kann es sich auch dann um eingetragene Warenzeichen oder sonstige geschützte Kennzeichen handeln, wenn sie nicht eigens als solche gekennzeichnet sind.

Es konnten nicht alle Rechtsinhaber von Abbildungen ermittelt werden. Sollte dem Verlag gegenüber der Nachweis der Rechtsinhaberschaft geführt werden, wird das branchenübliche Honorar nachträglich gezahlt.

Dieses Werk enthält Hinweise/Links zu externen Websites Dritter, auf deren Inhalt der Verlag keinen Einfluss hat und die der Haftung der jeweiligen Seitenanbieter oder -betreiber unterliegen. Zum Zeitpunkt der Verlinkung wurden die externen Websites auf mögliche Rechtsverstöße überprüft und dabei keine Rechtsverletzung festgestellt. Ohne konkrete Hinweise auf eine solche Rechtsverletzung ist eine permanente inhaltliche Kontrolle der verlinkten Seiten nicht zumutbar. Sollten jedoch Rechtsverletzungen bekannt werden, werden die betroffenen externen Links soweit möglich unverzüglich entfernt.

1. Auflage 2022

Alle Rechte vorbehalten
© W. Kohlhammer GmbH, Stuttgart
Gesamtherstellung: W. Kohlhammer GmbH, Stuttgart

Print:
ISBN 978-3-17-038378-4

E-Book-Formate:
pdf: ISBN 978-3-17-038379-1
epub: ISBN 978-3-17-038380-7

Geleitwort zur Buchreihe

Wer in die Vergangenheit blickt, stellt fest: Psychotherapie ist immer im Wandel.

Nach einer Phase der methodenspezifischen Diversifizierung spielen in der heutigen ambulanten und stationären Versorgung von Patientinnen und Patienten mit psychischen Erkrankungen störungsspezifische Behandlungsansätze eine zunehmende Rolle. In vielen Fällen sind diese verhaltenstherapeutisch geprägt und multimodal aufgebaut. Dabei werden nicht nur schulenübergreifend wirksame Behandlungskomponenten, sondern auch Erkenntnisse zu Basisvariablen der psychotherapeutischen Arbeit verwendet und integriert.

Die Reihe »Störungsspezifische Psychotherapie« hat die störungsspezifische Entwicklung bereits im Jahr 2004 aufgegriffen und bietet mittlerweile für über 20 Störungsbilder evidenzbasierte Manuale an. Klassische Themen wie die Therapie von Angst- oder Essstörungen, Suchterkrankungen oder Psychosen wurden um störungsspezifische Anleitungen für die Behandlung von Symptomen, Syndromen oder speziellen Fragestellungen (Tourettesyndrom, Adipositasbehandlung, Insomnie, stationäre Behandlungsbesonderheiten u. v. m.) ergänzt und durch einzelne Manuale zu Techniken und verwandten Methoden in der Psychotherapie (Achtsamkeitstraining, Hypnotherapie, Interpersonelle Therapie) erweitert.

Die Reihe »Störungsspezifische Psychotherapie« wurde 2004 begründet von Anil Batra und Gerhard Buchkremer, in der Folge weitergeführt von Anil Batra und Fritz Hohagen und mittlerweile herausgeben von Anil Batra und Alexandra Philippsen. Die Buchreihe wird fortlaufend erweitert und aktualisiert, wobei neue Techniken, alternative Vorgehensweisen und die aktuelle Studienlage berücksichtigt werden. Damit sollen die Bände psychotherapeutisch arbeitenden Ärztinnen und Ärzten, Psychologinnen und Psychologen in der praktischen Arbeit neben einer Einführung in die besondere Problematik verschiedener Erkrankungen auch konkrete Anleitungen, online abrufbare praxisnahe Tools sowie Techniken und Vorgehensweisen auch in therapeutisch herausfordernden Situationen zur Verfügung stellen.

Wir hoffen, Ihnen mit dieser Reihe hilfreiche Anregungen für die klinische Praxis geben zu können.

Anil Batra, Tübingen
Alexandra Philipsen, Bonn

Inhalt

Geleitwort zur Buchreihe 5

Übersicht über das elektronische Zusatzmaterial 8

Teil A Einführung

1 Depression im höheren Alter 11
   1.1 Epidemiologie der Depression im Alter 12
   1.2 Diagnostik und Differentialdiagnostik 13
   1.3 Stand der Psychotherapie bei Depression im Alter 15
   1.4 Komplexität der Altersdepression: Multimorbidität 20
   1.5 Einordnung der Leitlinien zur Behandlung der unipolaren Depression 24

2 Einführung in die Interpersonelle Psychotherapie im Alter (IPT-Late Life) 26
   2.1 Modifikationen bei der IPT-Late Life 27
   2.2 Wirksamkeit der IPT-LL 29

Teil B Manual zur Interpersonellen Psychotherapie im höheren Lebensalter: IPT-Late Life

3 Allgemeine Konzeption des Manuals 33
   3.1 Die Anfangsphase: Umgang mit der Depression 33
   3.2 Einleitung der Mittleren Phase 55
   3.3 Die Abschiedsphase 79

Teil C Manual zur IPT-Late Life als Gruppentherapie (IPT-LLG)

4 Allgemeine Konzeption des Manuals 85
   4.1 Aufgaben der Gruppenleitung bei der IPT-LLG 86
   4.2 Kurzbeschreibung des IPT-LL Gruppenmanuals (IPT-LLG) 87
   4.3 Durchführung der IPT-LLG 88

Literatur 129

Die Autorinnen 133

Übersicht über das elektronische Zusatzmaterial

Arbeitsblätter

> Weitere Informationen sowie den Link, unter dem die elektronischen Zusatzmaterialien verfügbar sind, finden Sie auf S. 128.

Arbeitsblatt 1: Erstellung eines Life-Charts (▶ Kap. 3.1.7)
Arbeitsblatt 2: Erfassung bedeutsamer Bindungspersonen (▶ Kap. 3.1.7)
Arbeitsblatt 3: Vierfeldertafel. Positive und negative Aspekte der alten und neuen Rolle in Balance setzen (▶ Kap. 3.2 1)
Arbeitsblatt 4: Psychoedukation über typische Kommunikationsfehler und Alternativen (▶ Kap. 3.2.3)

Teil A Einführung[1]

---

[1] Im Bemühen um eine gendergerechte Sprache haben wir sexusneutrale Begriflichkeiten bevorzugt. Dies ist jedoch nicht für alle Personenbezeichnungen möglich bzw. sinnvoll. Substantivierte Partizipien, wie z. B. »Therapierende« sind grammatikalisch nicht korrekt und klingen zudem gewöhnungsbedürftig. Wir haben es daher für die Personengruppen der »Therapeuten« und »Patienten« beim generischen Maskulinum belassen und möchten betonen, dass mit diesen Bezeichnungen Personen aller Geschlechter (m/w/d) angesprochen sind. Uns ist bewusst, dass die Mehrzahl der Therapeuten Therapeutinnen sind und Depressionen bei Frauen wesentlich häufiger auftreten. Dennoch erscheint uns der ausschließliche Gebrauch der weiblichen Form ebenfalls nicht gendergerecht. Korrekt »gendern« ist nicht einfach. Wir hoffen, einen guten Kompromiss gefunden zu haben.

1 Depression im höheren Alter

Depressive Störungen zählen zu den häufigsten psychischen Erkrankungen des Alters. Prinzipiell gelten hinsichtlich der Symptomatik die gleichen Diagnosekriterien wie bei einer Depression im jüngeren Lebensalter. Allerdings wird die Erkrankung bei Älteren aufgrund der Betonung somatischer Symptome häufig schlechter erkannt und somit auch weniger häufig angemessen und leitliniengerecht behandelt. Zusätzlich zur somatischen Präsentation kann es bei einer depressiven Erkrankung im Alter einige Besonderheiten geben. Auf diese Besonderheiten wird in diesem Teil des vorliegenden Manuals eingegangen, um der möglichen Komplexität einer Depression im Alter Rechnung zu tragen. Hier leisten vor allem die Gerontopsychologie und die Geriatrie als wissenschaftliche Disziplinen einen relevanten Beitrag.

Es ist wichtiger denn je, fundierte und evidenzbasierte Manuale zur Behandlung psychischer Störungen im Alter zur Verfügung zu stellen, da der demographische Wandel unaufhaltsam dazu führt, dass es in Zukunft eine steigende Anzahl von Betroffenen im höheren Lebensalter geben wird. Dies wird in den Hausarztpraxen, den Kliniken und vor allem auch für die ambulante und stationäre Psychiatrie und Psychotherapie von Bedeutung sein. Psychotherapeuten sollten gut auf diesen Wandel vorbereitet sein und sich in der möglichen Komplexität der Behandlung einer Altersdepression auskennen. Zudem kann man davon ausgehen, dass nicht nur die reine Patientenanzahl durch die Überalterung der Gesellschaft beeinflusst wird, sondern ebenso die Kohorte, die in den kommenden Jahren ein höheres Lebensalter erreichen wird, eine große Rolle spielt. Wir sprechen von den sogenannten »Babyboomern«, der geburtenstarken Nachkriegsgeneration, die sich in vielen Eigenschaften von ihren »Vorgängergenerationen« unterscheiden. Diese Generation ist insgesamt offener und besser aufgeklärt, was die Bedeutung der Psyche für die eigene Gesundheit und auch psychische Erkrankungen angeht. Psychotherapie stellt für viele »Babyboomer« kein Tabu oder Makel, sondern eine selbstverständliche Behandlungsoption dar (Walendzik et al. 2014). Fürsorge für die eigene psychische Gesundheit wird insgesamt als viel bedeutsamer erachtet, als in den älteren Kohorten zuvor. Die insgesamt höhere Mobilität und gute (auch digitale) Vernetzung dieser Generation wird den Zugang zu Psychotherapie erleichtern und die Inanspruchnahme psychotherapeutischer Behandlung verändern. In der Psychotherapie Tätige tun gut daran, uns auf die Bedürfnisse dieser »neuen Älteren« einzustellen und auf eine steigende Anzahl von Psychotherapien mit Älteren und deren alterstypischen Besonderheiten und Lebensrealitäten vorbereitet zu sein.

1.1 Epidemiologie der Depression im Alter

Affektive Störungen zählen neben den Angststörungen zu den häufigsten psychischen Störungen im Alter (siehe z. B. die Meta-Analyse von Volkert et al. 2013). Zur Häufigkeit und Ausbreitung der Depression im Alter findet man in der Literatur insgesamt wenige, und teilweise unterschiedliche Angaben. Dies liegt an der geringen Zahl bevölkerungsrepräsentativer Studien, die auch psychische Symptome bei Älteren und Hochaltrigen erfassen und zusätzlich an den verschiedenen gewählten Erhebungsinstrumenten und zugrundeliegenden Klassifikationssystemen. Neben internationalen Studien liefert für Deutschland beispielsweise die sogenannte Deutsche Gesundheitsstudie (DEGS1) epidemiologische Daten für 2008 bis 2011. Im Selbstbericht ergibt sich im Vergleich von vier Altersgruppen, dass die Punktprävalenz für Depressivität in der ältesten Gruppe (70-79 Jahre) am niedrigsten liegt, wobei Frauen mit 7,7 % häufiger als Männer (4,2 %) betroffen sind (Busch et al. 2013). Klinische Interviews von 5.000 Teilnehmenden ergaben, dass 3,7 % der 65-79-Jährigen die Kriterien einer Major Depression erfüllen (Jacobi et al. 2014). Insgesamt nimmt die 12-Monats-Prävalenz bei allen affektiven Störungen mit zunehmendem Alter ab. Der Anteil ist unter den Frauen jeder Altersgruppe höher verglichen mit den Männern derselben Gruppe (Busch et al. 2013).

Auch der Deutsche Alterssurvey (DEAS; zusammenfassende Publikation von Vogel et al. 2019) liefert Daten zu depressiven Symptomen, die seit 1996 erhoben wurden. Es wurde eine Stichprobe von mehr als 15.000 Personen im Längsschnitt mehrfach mit der Allgemeinen Depressionsskala (ADS-K) zwischen 2002 und 2017 befragt (Wettstein und Spuling 2019). Auch diese Erhebung kommt zu dem Ergebnis, dass Frauen jeder untersuchten Geburtskohorte und zu jedem Lebenszeitpunkt ab 40 Jahren ein höheres Depressionsrisiko haben als Männer. Diese wiederum haben ein deutlich höheres Suizidrisiko im Vergleich zu Frauen (▶ Abb. 1). Das Depressionsrisiko sinkt vom 40. Lebensjahr an zunächst ab, um dann am Übergang zur Hochaltrigkeit, ab ca. 80 Jahren, wieder anzusteigen. Interessanterweise unterscheiden sich die untersuchten Geburtskohorten (1930-39; 1940-49; 1950-59) nicht in ihrem Risiko, depressive Symptome zu zeigen. Hiermit wird noch einmal unterstrichen, dass die Babyboomer eine relevante und große Patientengruppe sind und vermutlich im höheren Alter bleiben werden. Eine weitere Meta-Analyse kommt zu einer Prävalenz für Major-Depression von 7,2 % und sogar zu 17,1 % für alle depressiven Erkrankungen bei über 75-Jährigen (Luppa et al. 2012).

Zusammenfassend ist festzuhalten, dass die Prävalenz depressiver Erkrankungen insgesamt im höheren Lebensalter abnimmt. Es handelt sich dennoch um eine große Zahl von älteren depressiven Patienten, die adäquat psychotherapeutisch versorgt werden müssen.

Im Zusammenhang mit dem Depressionsrisiko im Alter ist auch das Suizidrisiko von älteren Frauen und Männern zu betrachten (Lindner et al. 2014). Zum Entstehungszeitpunkt dieses Manuals waren die Zahlen der Suizide für 2018 beim Statistischen Bundesamt abrufbar. In der folgenden Abbildung werden die Suizide getrennt nach Geschlecht ab dem Alter von 50 Jahren dargestellt (▶ Abb. 1.1).

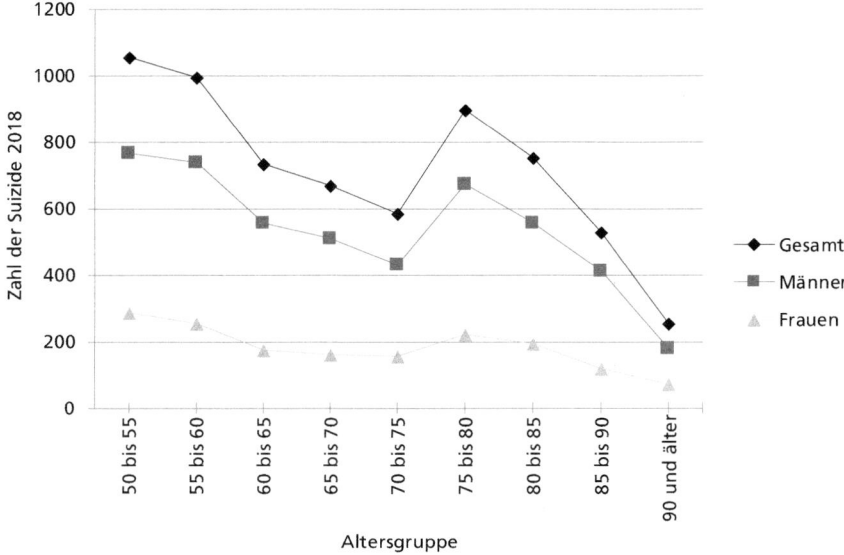

Abb. 1.1: Suizide in Deutschland 2018 nach Geschlecht ab 50 Jahren. (Quelle: Destatis 2021)

Demnach weist die Altersgruppe zwischen 50 und 55 Jahren die höchste Suizidrate insgesamt auf (1055 gesamt, 288 weiblich, 767 männlich). Bei den darauffolgenden Altersgruppen nimmt die Zahl der Suizide zunächst ab, steigt aber bei den 75- bis 80-Jährigen wieder an (895 gesamt, 220 weiblich, 675 männlich). Insgesamt entfallen auf die Altersgruppe ab 60 Jahren 6465 Suizide, was 68,8 % der Gesamtzahl entspricht. Ähnlich zu den jüngeren Altersgruppen nehmen sich auch unter den älteren Personen ca. dreimal so viele Männer das Leben verglichen mit betroffenen Frauen. Als Implikation für die psychotherapeutische Tätigkeit ergibt sich, Suizidalität gerade bei Älteren regelmäßig und sorgfältig abzuklären.

1.2 Diagnostik und Differentialdiagnostik

Die differenzialdiagnostische Abklärung einer Depression ist im höheren Lebensalter erschwert, da depressive Symptome wie z. B. Schlaf- oder Antriebsstörungen auch häufige Begleiterscheinungen verschiedenster körperlicher Erkrankungen sein können. Es liegt nahe, dass eine bestehende Depression hierdurch übersehen werden kann und Betroffene weniger Chancen auf eine adäquate Behandlung erhalten. Im klinischen Alltag präsentieren Ältere vordergründig vor allem somatische Symptome, klagen z. B. über Krankheitsängste oder Probleme mit Appetit und Verdauung, während Schuldgefühle seltener berichtet werden (Hegeman et al. 2012). Daher ist eine sorgfältige Exploration darüber hinaus bestehender depressionsbezogener Symptome erforderlich, wie sie im Praxisteil (▶ Kap. 3.1.1) ausgeführt werden. Dies kann man durchaus auch als Hilfestellung für die Betroffenen verstehen, die teilweise noch Kohorten angehören, die wenig über psychische Erkrankungen aufgeklärt sind und häufig ihre eigenen Symptome nicht einordnen können.

Neben einer umfassenden Krankheitsanamnese kann zur subjektiven Einschätzung der Symptome beispielsweise die »Geriatrische Depressionsskala« (GDS) (Sheikh und Yesavage 1986) genutzt werden. Dieses kurze Instrument besteht aus 15 Items, die mit »ja« oder »nein« beantwortet werden und erste Anhaltspunkte über eine bestehende depressive Symptomatik liefern können (▶ Tab. 1.1).

Tab. 1.1: Instrumente zur Diagnostik und Differenzialdiagnostik einer depressiven Entwicklung im höheren Lebensalter (GDS: Sheikh und Yesavage 1986; BDI-II: Hautzinger et al. 2006; HAMD, CERAD: Morris et al. 1988; Memory Clinic 2021; MOCA: Nasreddine et al. 2005)

Instrument	Art der Beurteilung	Zielsymptomatik
Geriatrische Depressionsskala (GDS)	Selbstbeurteilung	Depressive Symptomatik
Beck Depressions Inventar II (BDI-II)	Selbstbeurteilung	Depressive Symptomatik
Hamilton Depression Rating Scale (HAMD)	Fremdbeurteilung	Depressive Symptomatik
Consortium to Establish a Registry for Alzheimer's Disease (CERAD)	Fremdbeurteilung	Neuropsychologische Auffälligkeiten
Montreal Cognitive Assessment (MOCA)	Fremdbeurteilung	Neuropsychologische Auffälligkeiten

Zusätzlich kann der Beginn einer demenziellen Entwicklung im Alter differenzialdiagnostisch schwierig von einer Depression im Alter zu trennen sein, da sich beispielsweise Konzentrations- und Gedächtnisstörungen in der Querschnittsuntersuchung bei beiden Krankheitsbildern ähnlich darstellen können. Sind sie Teil einer Depression und nicht einer Demenz, spricht man von einem vorübergehenden »Dementia Syndrome of Depression« (ehemals sogenannte »Pseudo-Demenz«), das sich mit der Remission der depressiven Symptome wieder normalisieren sollte (siehe hierzu auch Förstl und Kleinschmidt 2011). Es ist ratsam, zum Monitoring gedächtnis- und konzentrationsbezogener Symptome neuropsychologische Verlaufstestungen durchzuführen (▶ Tab. 1.1). Hierzu kann beispielsweise die Testbatterie CERAD (Morris et al., 1988; darin Tabelle 1) verwendet werden. Gute Unterstützung bei der Anwendung und Auswertung des Instruments bietet die Memory Clinic Basel (Memory Clinic 2021). Zusätzlich ist die Fremdanamnese bzgl. kognitiver Symptome durch Angehörige enorm wichtig, um eine depressive von einer demenziellen Entwicklung zu unterscheiden. Bei gleichbleibender Störung der kognitiven Funktionen über einen längeren Zeitraum hinweg, empfiehlt sich dann die Vorstellung in einer Gedächtnisambulanz zur weiteren Abklärung neurologischer Erkrankungen.

Insgesamt sollte neben einer psychometrischen und neuropsychologischen Eingangs- und Verlaufsdiagnostik unbedingt ein Blutbild angefertigt und ggf. weitere Untersuchungen, wie z. B. ein EEG oder eine Magnetresonanztomographie (MRT) zum Ausschluss organischer Ursachen der berichteten Symptomatik durchgeführt werden. Vor allem im Hinblick auf die häufig bestehende Multimorbidität (▶ Kap. 1.4) im Alter sollte dem Beginn einer Psychotherapie im ambulanten wie im stationären Setting eine umfassende organische Abklärung vorausgehen.

1.3 Stand der Psychotherapie bei Depression im Alter

Eingangs wurde bereits erwähnt, dass ältere Menschen mit der Diagnose Depression nicht ausreichend mit Psychotherapie versorgt sind, trotz der Entwicklung und Anpassung von altersspezifischen Psychotherapien. Für 2016 ergibt sich aus Kassendaten, dass nur weniger als 1 % der als depressiv Diagnostizierten über 65 ambulant psychotherapeutisch behandelt wurden (Kessler und Tegeler 2018). Ältere stellen sich häufig zunächst in einer allgemeinmedizinischen Praxis vor, jedoch kommen aus Eigeninitiative kaum Betroffene in psychotherapeutischen Praxen an. Dies kann sowohl mit Vorurteilen auf Behandler-, als auch auf Patientenseite zusammenhängen (siehe unten). Gerade weil der demographische Wandel hier den Handlungsbedarf deutlich aufzeigt, ist zu hoffen, dass es in den nächsten Jahren noch deutlichere Initiativen geben wird, Patienten aus der Primärversorgung in die spezifische ambulante und stationäre psychotherapeutische Versorgung zu bringen.

1.3.1 Unterversorgung älterer Menschen mit Depression

Wenn eine Depression im Alter diagnostiziert wird, beschränkt sich die Behandlung häufig auf Antidepressiva. Die Pharmakotherapie ist wirksam, greift allerdings angesichts der auslösenden und aufrechterhaltenden psychosozialen Faktoren (▶ Kap. 1.4.3) in vielen Fällen zu kurz. Zudem ist die Datenlage zur langfristigen Wirksamkeit von Antidepressiva dünn (Wilkinson und Izmeth 2016). Eine Kombinationsbehandlung aus Pharmako- und Psychotherapie wäre zum Erreichen nachhaltiger Behandlungseffekte wünschenswert. Zudem kommen Antidepressiva nicht ohne Nebenwirkungen aus, was die älteren Betroffenen zusätzlich belasten kann (Coupland et al. 2011). Da ältere Personen im Schnitt ohnehin eine größere Anzahl Medikamente einnehmen, müssen Wechselwirkungen der Substanzen ebenfalls mit bedacht werden. Es wäre sicherlich möglich, durch eine flächendeckende und angemessene psychotherapeutische Versorgung älterer depressiver Patienten, den überproportionalen Einsatz der Pharmakotherapie etwas zu schmälern.

Zu den Ursachen der insgesamt herrschenden Unterversorgung von Älteren mit Depression gibt es kaum Studiendaten. Es wird vermutet, dass systematische Barrieren für den Zugang zur Psychotherapie bestehen. Schon allein aufgrund der oftmals eingeschränkten Mobilität im Alter, können Psychotherapiepraxen schlechter aufgesucht werden. In ländlichen Gebieten mit schlechter Verkehrsanbindung und geringer Praxendichte dürften Ältere deutlich im Nachteil sein. Zudem sind viele psychotherapeutische Praxen nicht barrierefrei, was eine zusätzliche Hürde darstellt.

Neben diesen augenscheinlichen Barrieren finden sich die weniger sichtbaren Hindernisse in Form von Vorurteilen, Mythen und Stigmata gegenüber älteren Patienten. Beispielsweise gibt es einen messbaren »Age-Bias« unter Psychotherapeuten, wenn es darum geht, Älteren einen Behandlungsplatz anzubieten (Kessler und Blachetta 2018). Eine Zusammenfassung der Vorbehalte findet sich bei Bühring (2012). Bereits Sigmund Freud äußerte die Befürchtung, dass Ältere nicht mehr zu Veränderung in der Lage sind und die Psychotherapie eine extrem lange Zeitspanne umfassen muss. Glücklicherweise wissen wir heute, dass das menschliche Gehirn bis ins hohe Alter plastisch, also lernfähig, bleibt und dass (Kurzzeit-) Psychotherapien bei Älteren ähnlich wirksam wie bei Jüngeren sind (siehe aktuelle Daten in der Meta-Analyse von Cuijpers et al. 2020).

Auch »innere Barrieren« auf Seiten der älteren Patienten spielen sicherlich eine Rolle. So vermuten viele, dass ihre Symptome nichts mit der Psyche zu tun haben oder auch, dass ihre Probleme nicht wichtig genug für eine Psychotherapie seien. Der Begriff der Psychiatrie ist außerdem nach wie vor mit Stereotypen aus der Vergangenheit behaftet, was oftmals zu Ängsten führt, bei einem stationären Aufenthalt »eingesperrt« zu werden oder dann als »verrückt« zu gelten.

Auf Seiten des Gesundheitssystems lassen sich weitere strukturelle Mängel feststellen. In psychiatrischen Kliniken existieren oft gerontopsychiatrische Allgemeinstationen, auf denen Betroffene mit Demenzen, Depression, Angststörungen etc. nicht störungsspezifisch behandelt werden können. Nur selten gibt es depressionsspezifische Stationen mit passend zum Störungsbild zugeschnittenen Behandlungsangeboten. Auch das zugehörige Personal im stationären Bereich ist notwendigerweise eher breit im gerontopsychiatrischen Spektrum ausgebildet und kann mit den bestehenden Ressourcen oftmals keine depressionsspezifischen Angebote machen.

1.3.2 Evidenzbasierte Therapieverfahren für Ältere

In den letzten Jahren ist ein enormer Wissenszuwachs über psychologische Phänomene im Alter (▶ Kap. 1.3.4) zu verzeichnen. Zusätzlich schafft die Tatsache, dass psychische Störungen im Alter eine immer größere Relevanz erlangen werden, die Notwendigkeit, bestehende Behandlungskonzepte auf Ältere zu übertragen und deren Wirksamkeit auch in dieser Gruppe zu überprüfen. Glücklicherweise gibt es mittlerweile verschiedenste wirksame psychotherapeutische Verfahren, die auf das höhere Lebensalter angepasst wurden, hierzu gehören auch sogenannte »schulenübergreifende« Verfahren, die nicht eindeutig einer verhaltenstherapeutischen bzw. psychodynamischen Konzeption zuzuordnen sind, wie die Interpersonelle Psychotherapie (IPT; Schramm 2019). Bei allen Interventionen kommen sowohl die klinische Erfahrung vieler Psychotherapeuten als auch die Überprüfung in qualitativ hochwertigen wissenschaftlichen Studien zum Tragen. Dies stellt einen wichtigen Schritt in Richtung der Verbesserung der Versorgungslage von Älteren dar. Die Studienlage zur Behandlung älterer Betroffener mit Depression ist zwar noch ausbaufähig, schlägt sich dennoch schon in Empfehlungen innerhalb der Leitlinien nieder (▶ Kap. 1.5).

Die Kognitive Verhaltenstherapie (KVT) ist das Verfahren, das sich durch die beste Studienlage und somit den höchsten Evidenzgrad auszeichnet. In der KVT für ältere Patienten werden dieselben Interventionen wie in der klassischen KVT, z. B. Kognitive Restrukturierung und Verhaltensaktivierung angewendet, während die Altersspezifik berücksichtigt wird (Hautzinger 2016). Aber auch psychodynamische Verfahren, Reminiszenztherapien, Problemlösetraining und IPT erzielen respektable Effektstärken (Cuijpers et al. 2014).

Psychodynamische Verfahren sind mit den für sie typischen Interventionen, z. B. in Bezug auf Grundkonflikte, für Ältere verfügbar (zur Übersicht siehe Peters und Linder 2019). Ein im höheren Alter relevanter Grundkonflikt ist beispielsweise Versorgung vs. Autonomie innerhalb der Paarbeziehung, wenn Partner pflegebedürftig werden. M. Peters (2020) konzipiert eine Altersadaptation, die an der struktur- und mentalisierungsorientierten Psychotherapie orientiert ist. Er favorisiert einen erfahrungsbezogenen Dialog, der älteren Menschen zu einem veränderten interpersonalen Verhalten und damit zu einer Verbesserung ihrer psychosozialen Situation verhelfen kann.

Unter Reminiszenztherapien versteht man eine Vielzahl von sogenannten »Lebensrückblickverfahren«, welche durch strukturierte Interviewfragen das Übersetzen der eigenen Lebensgeschichte in ein Narrativ und somit die Integration von Erinnerungen und den damit verbundenen Emotionen fördern. Die Integration positiver und negativer Erfahrungen (»integrative Rückschau«) spielt herbei eine große Rolle. Eine umfassende Übersicht bieten Maercker und Forstmeier (2013).

Kiosses et al. (2015) konzipierten eine spezielle Form des klassischen Problemlösetrainings für depressive ältere Menschen mit kognitiven Störungen bzw. beginnender Demenz, die sog. Problem Adaption Therapy (PATH). Diese 12 Sitzungen umfassende Intervention, die im häuslichen Umfeld mit den Angehörigen durchgeführt wird, beinhaltet Strategien zur Emotionsregulation, zur Reduzierung negativer Affekte und die Erarbeitung von Kompensationsstrategien, z. B. bei Gedächtnisproblemen oder sozialem Rückzug. Im Vergleich mit supportiver Therapie führte dieser Ansatz zu einem deutlichen Rückgang depressiver Symptome und Einschränkungen der psychosozialen Funktionstüchtigkeit (»disability«).

Für fast alle genannten Verfahren liegen deutschsprachige Manuale speziell für Ältere vor. Die Unterversorgung und die bestehenden Versorgungsstrukturen stehen demnach im Kontrast zu der wachsenden Zahl an wirksamen psychotherapeutischen Verfahren, welche die Altersspezifik der Depression berücksichtigen. Auch aus diesem Grund ist es uns ein Anliegen, mit dem vorliegenden Manual die IPT im Alter im deutschsprachigen Raum populärer zu machen. Die spezifischen psychosozialen Risikofaktoren für die Entstehung und Aufrechterhaltung einer Depression werden in der IPT besonders hervorgehoben (Schramm, 2019). Die Anpassung auf ältere Betroffene ist bislang nur für den englischsprachigen Raum unter dem Namen der »IPT late life« erfolgt (Frank 1991; Hinrichson und Clougherty 2006).

1.3.3 Notwendige therapeutische Kompetenzen zur Behandlung älterer Menschen

Die folgenden Abschnitte widmen sich den verschiedenen Aspekten, die eine Psychotherapie im Alter komplex gestalten und daher zusätzliches Wissen seitens der Behandler erfordern (Peters et al. 2013). Insgesamt sollen Ältere durch eine Psychotherapie befähigt werden, sich mit Unterstützung besser an aktuelle Lebensumstände anzupassen. Diese Anpassungsleistungen zum erfolgreichen Altern werden im SOK-Modell von Baltes und Baltes (1990) mit den Begriffen Selektion, Optimierung und Kompensation beschrieben. Psychotherapeuten sollten ihren Patienten dazu verhelfen, günstige Bewältigungsstrategien im Rahmen dieser drei Prozesse wiederaufzunehmen oder neu zu etablieren.

Neben der individuell angepassten Therapieplanung kann auch die Gestaltung der therapeutischen Beziehung einige Besonderheiten aufweisen. Zunächst ist es auf der Seite der Behandelnden wichtig, eigene Altersstereotype zu ergründen, offen zu legen und zu überprüfen: Habe ich ggf. Vorurteile bezüglich der Wirksamkeit von Psychotherapie im Alter? Habe ich vielleicht den Gedanken, dass mir eine Psychotherapie mit Älteren zu anstrengend ist? Habe ich Berührungsängste gegenüber Älteren, weil ich im Alltag wenig in Kontakt mit dieser Kohorte bin und ggf. auch Unsicherheit auf meiner Seite entstanden ist? Kann ich ältere Patienten in ihren Problemlagen ernst nehmen? Bin ich schnell genervt von verminderter Hörfähigkeit oder anderen möglichen Barrieren? Vermeide ich die Behandlung Älterer, um nicht mit der Endlichkeit meines eigenen Lebens konfrontiert zu werden? Diese Punkte gilt es zunächst zu klären, um die eigene »Therapiemotivation« zu bestimmen, die eigenen Einstellungen zu hinterfragen und sich für die interessante Lebensgeschichte von und wertvolle therapeutische Beziehung zu älteren Patienten zu öffnen.

Je nach Alter der behandelnden Therapeuten kann es außerdem zu besonderen Übertragungsphänomenen kommen. Jüngere Therapeuten gehören aus der

Sichtweise älterer Patienten oft der Kinder- oder Enkelgeneration an, was zunächst einer Selbstöffnung im Wege stehen kann. Nach erfolgreichem Aufbau einer tragfähigen therapeutischen Beziehung können diese Phänomene ebenso gut therapeutisch genutzt werden. Junge Therapeuten können Ressourcen ihrer älteren Patienten aufdecken, indem sie sich interessiert an deren Lebenserfahrung und Fähigkeiten zeigen. Hierbei ist etwas Hintergrundwissen zu der jeweiligen Geburtskohorte erforderlich. Zum heutigen Zeitpunkt haben etwa 80-jährige direkte Kriegserfahrungen aus der frühen Kindheit, 70-Jährige haben den Krieg nicht mehr direkt erlebt, sind jedoch unmittelbar in den Jahren danach geboren. Auch mit größerer zeitlicher Distanz zum Kriegsgeschehen gibt es relevante Einflüsse, beispielsweise durch die Elterngeneration und Familiengeschichte. So existieren in vielen Familien Kriegstraumata, welche transgenerational weitergegeben werden können, teilweise sind Fluchterfahrungen noch explizit oder implizit erinnerlich. Auch das Thema Gefangenschaft und die lange Abwesenheit oder die nicht erfolgte Rückkehr von Vätern können eine Rolle spielen. Insgesamt hat eine Vielzahl der älteren Patienten in ihrer Kindheit emotional sowie materiell deprivierte Verhältnisse erlebt. Über diesen biographischen Kontext sollten Therapeuten gut informiert sein (siehe hierzu Knight et al. 2015; Reddemann 2018). Für die nachfolgende Alterskohorte der Babyboomer, die mit wesentlich mehr Wohlstand und einer zunehmenden gesellschaftlichen Liberalisierung sozialisiert worden sind, ist dies ebenfalls zu fordern.

1.3.4 Der Beitrag der Gerontopsychologie zu psychotherapeutischen Verfahren

In der Gerontopsychologie werden psychologische Aspekte des Alternsprozesses untersucht. Diese Erkenntnisse wiederum fließen in die Entwicklung von Alterspsychotherapien ein. Ein Standardwerk im deutschsprachigen Raum ist der von A. Maercker herausgegebene Titel »Alterspsychotherapie und klinische Gerontopsychologie« (2015), auf den in dieser Einführung Bezug genommen und verwiesen wird. Die Gerontopsychologie nimmt Personen im sogenannten 3. und 4. Lebensalter, also in etwa ab dem 65. Lebensjahr in den Fokus und untersucht breite psychologische Aspekte des Alterns, wie etwa die Veränderungen von Wohlbefinden oder persönlichen Einstellungen mit zunehmendem Lebensalter. Die allgemeine Lebenszufriedenheit nimmt laut Deutschem Alterssurvey (DEAS) zwar mit dem Alter ab, jedoch gilt dies für die »neue« Kohorte der 1950–59 Geborenen weniger als für frühere Alterskohorten (z. B. 1930–39 geboren). Frauen sind stärker von diesem Rückgang der Lebenszufriedenheit betroffen (Wettstein und Spuling 2019). Dieser Befund könnte mit dem höheren Depressionsrisiko von Frauen im höheren Alter im Vergleich zu Männern zusammenhängen (▶ Kap. 1.1). Die Gerontopsychologie liefert ständig neue Erkenntnisse und Therapeuten sollten sich diesbezüglich »up to date« halten, um die Kohorte der älteren (Psychotherapie-) Patienten besser einschätzen zu können.

Als Hilfestellung zur Planung einer Psychotherapie mit Älteren wurde das sogenannte »Rahmenmodell der Alterspsychotherapie« entwickelt, welches sowohl alters- als auch störungsspezifische Aspekte aufgreift (Maercker 2003). Nach diesem Modell ist die zentrale Voraussetzung für eine gut konzeptualisierte Therapie, dass die Therapieziele selektiv an die altersspezifischen Gegebenheiten der Betroffenen angepasst bzw. optimiert werden. Grundsätzlich kann man davon ausgehen, dass Behandlungsstrategien, die für psychische Störungen bei Jüngeren entwickelt wurden, auch bei Älteren angewendet werden können. Erforderliche Modifikationen der Behandlungsstrategien haben meist mit der oben genannten notwendigen Anpassung der Therapieziele zu tun. Maercker formuliert hierbei zwei Leitfragen hinsichtlich der Therapiezieloptimierung bei Älteren: »Erreichen wir das Therapieziel in einem zeitlich und sachlich vertretbaren Aufwand?« und »Lässt sich der so erreichte Zustand ausreichend stabil in der Zeit nach der Therapie aufrechterhalten?« (Maercker 2015). Mit diesen Fragen wird der somatischen und psychologischen Multimorbidität Rechnung getragen, aufgrund deren es häufig notwendig ist, bei der Psychotherapieplanung zu priorisieren (▶ Kap. 1.4). Neben der Multimorbidität werden im Rahmenmodell der Alterspsychotherapie weitere potentiell erschwerende Faktoren benannt: Fähigkeitseinschränkungen, wie z. B. eine verminderte Hör- oder Sehfähigkeit, können Anpassungen der Psychotherapie erfordern, während ebenfalls die per se eingeschränkte Lebenszeit eine Berücksichtigung bei der Auswahl der Therapieziele erfordert. Sehr bedeutsam können außerdem interpersonelle Verluste sein, wie z. B. ein sich ausdünnendes soziales Netzwerk oder Todesfälle in Familie und Freundeskreis. Diese interpersonellen Verluste kennzeichnen einen zentralen Behandlungsbereich in der IPT, weshalb sie an anderer Stelle ausführlich besprochen werden (▶ Kap. 3.3, ▶ Kap. 3.4, ▶ Kap. 3.5).

Interessanterweise gibt es aber auch einige Faktoren, die die Behandlung älterer Patienten erleichtern können. So kann die erreichte Reife, in Gestalt von Lernerfahrungen aus der gesamten Lebensspanne, bei der Bewältigung aktueller Herausforderungen hilfreich sein. Hier kann therapeutisch auf bereits vorliegende Ressourcen zurückgegriffen werden. Wie bereits oben erwähnt, kommen Studien, die motivationale und emotionale Veränderungen im Alter untersuchen, insgesamt zu einer positiven Bilanz. Auch dieser Umstand lässt sich in der Psychotherapie sehr gut nutzen. Gleichermaßen können die insgesamt günstigen Fähigkeiten älterer Menschen zur Wohlbefindensregulation therapeutische Fortschritte erleichtern.

1.4 Komplexität der Altersdepression: Multimorbidität

Es gibt zahlreiche Definitionen der Multimorbidität. Die S3-Leitlinie zur Multimorbidität versteht das Konstrukt als

> »das gleichzeitige Vorliegen mehrerer chronischer Erkrankungen (drei oder mehr), wobei nicht eine einzelne Erkrankung im besonderen Fokus der Aufmerksamkeit steht und

Zusammenhänge zwischen den Krankheiten zwar bestehen können (z. B. über geteilte Risikofaktoren, oder bei Folgeerkrankungen), aber nicht müssen.« (DEGAM Leitlinie 2017)

1.4.1 Somatische Komorbiditäten

In der psychotherapeutischen Behandlung Älterer bedeutet dies, dass neben einer oder mehreren psychischen Erkrankungen möglicherweise weitere chronische somatische Erkrankungen bestehen und Beachtung erfordern können. Insgesamt steigt die Wahrscheinlichkeit einer Multimorbidität im Alter. Umgekehrt gibt es durchaus auch ältere Patienten ohne weitere Erkrankungen sowie junge multimorbide Patienten. Insgesamt ist es wichtig, bei der Behandlungsplanung mögliche Folgen der Multimorbidität für den Verlauf der psychischen Symptomatik zu beachten. Wie im vorhergehenden Abschnitt beschrieben, ist das Einbeziehen der altersspezifischen Multimorbidität unmittelbar wichtig, wenn es um die Auswahl realistischer und nachhaltiger Therapieziele bei Älteren geht (▶ Kap. 1.3.4). Daher sind medizinische Grundkenntnisse bzgl. der häufigsten somatischen Krankheitsbilder im Alter, wie z. B. zu Herz-Kreislauf-Erkrankungen, Diabetes sowie Erkrankungen des Muskel- und Skelettapparates wichtig, um gemeinsam mit den Betroffenen zu einer realistischen Abwägung von Therapiezielen zu kommen.

In der Berliner Altersstudie (Lindenberger et al. 2009) wurden 70- bis 100-Jährige auch auf bestehende Multimorbidität untersucht. Fast alle (98 %) der Teilnehmenden hatten eine internistische Diagnose, als multimorbide eingestuft waren 88 % der über 70-Jährigen, wobei hier ein Kriterium von fünf oder mehr gleichzeitig bestehenden Diagnosen angelegt wurde. In dieser Studie betrafen die häufigsten Begleiterkrankungen das kardiovaskuläre System, z. B. in Form einer Herzinsuffizienz sowie den Bewegungsapparat, z. B. in Form von Osteoarthrose. Auch chronische Schmerzpatienten stellen eine Hochrisikogruppe für die Entwicklung depressiver Symptome dar (Zietemann et al. 2007). Die verschiedenen Krankheitsbilder können auf vielfältige Art und Weise eine Psychotherapie beeinflussen, nicht nur bezogen auf die Planung und Auswahl der Therapieziele. Eine allgemeine Bewegungseinschränkung kann z. B. den Zugang zur Psychotherapie schon im Voraus erschweren oder blockieren. Körperliche Erkrankungen können außerdem einen empfindlichen Ressourcenverlust zur Folge haben, beispielsweise Reisen oder die Ausübung von Sportarten sowie allgemeine soziale Kontakte erschweren, was sich wiederum negativ auf die Lebensqualität und das Befinden auswirkt und die Entwicklung einer psychischen Störung begünstigen oder verstärken kann. Hierzu werden im Praxisteil des Manuals viele Fallbeispiele genannt (▶ Kap. 3.3).

1.4.2 Psychische Komorbiditäten

Die Komorbidität mit anderen psychischen Störungen ist eine weitere wichtige Facette der Multimorbidität. Das im Abschnitt zur Gerontopsychologie (▶ Kap. 1.3.4) vorgestellte Rahmenmodell der Alterspsychotherapie betont die Mitbetrachtung früherer psychischer Störungen neben dem aktuellen Therapieanlass. Aufgrund ihres fortgeschrittenen Alters besteht bei älteren Patienten eine erhöhte Wahrscheinlichkeit, dass es im bisherigen Leben bereits eine Episode der aktuell manifesten Störung bzw. eine Episode einer anderen Störung gab (Andreas et al. 2017). Beispielsweise ist ein ausgeprägter Neurotizismus (d. h. emotionale Labilität und Verletzlichkeit) ein Prädiktor für Rezidive bei einer Depression im Alter (Steunenberg et al. 2010). Auch der chronische Verlauf einer Depression ohne symptomfreie Intervalle sollte bei älteren Menschen unbedingt abgeklärt werden, da eine chronische Depression den Behandlungserfolg negativ beeinflussen kann (Nübel et al. 2020). Zur Behandlung chronischer Depression haben sich bei Betroffenen mittleren Alters Psychopharmaka sowie spezifische psychotherapeutische Verfahren wie CBASP (Cognitive Behavioral Analysis System of Psychotherapy; McCullough 2006) als wirksam erwiesen (Kriston et al. 2014, Schramm et al. 2020). Zusätzlich besteht die Möglichkeit, dass der aktuelle Therapieanlass sich vor dem Hintergrund einer langjährig bestehenden, aber evtl. nicht diagnostizierten Persönlichkeitsstörung darstellt. Hier könnten zwischen 10 und 30 % der Patienten betroffen sein (Devanand 2002). Die Angaben zur Komorbidität schwanken ähnlich wie die epidemiologischen Zahlen je nach verwendetem Diagnoseinstrument bzw. zugrundeliegendem Klassifikationssystem. Angststörungen sind häufige komorbide Störungen zu einer Altersdepression. Eine Untersuchung mit 350 Teilnehmenden fand bei 38,6 % eine Komorbidität von Angst und Depression (Van der Veen et al. 2015). Eine Depression im Alter ist für sich genommen bereits ein Risikofaktor für eine demenzielle Entwicklung (Diniz et al. 2013), weshalb die Abklärung und Differentialdiagnose bzgl. neurodegenerativer Erkrankungen äußerst wichtig ist. Alkoholmissbrauch und -abhängigkeit treten ebenfalls häufig komorbid zu einer affektiven Störung auf. Hier schwanken die Angaben zwischen 20 und 73 % (Lindenmeyer 2005). Im Alter nehmen der riskante Alkoholkonsum sowie Missbrauch und Abhängigkeit zwar ab, aufgrund der demographischen Entwicklung wird die Anzahl von Menschen, insbesondere Männer, mit dieser Problematik allerdings zunehmen. Im Kontext der Depression spielen der Missbrauch und die Abhängigkeit von Medikamenten zudem eine erhebliche Rolle (Dykierek und Scheller 2018).

1.4.3 Komplexität der Altersdepression: psychosoziale Faktoren

Das Wohlbefinden älterer Personen ist nicht nur abhängig von der allgemeinen körperlichen Gesundheit, sondern wird entscheidend durch verschiedene psychosoziale und vor allem zwischenmenschliche Faktoren beeinflusst. Wie in ihrem Namen bereits enthalten, fokussiert die Interpersonelle Psychotherapie auf den psychosozialen Kontext bzw. zwischenmenschlichen Beziehungen und deren Rolle bei der Entstehung und Aufrechterhaltung depressiver Störungen.

Insgesamt ist – wie auch zu epidemiologischen Zahlen – die Studienlage zu Risikofaktoren der Depression im Alter rar. Aus den vorliegenden Studien ergibt sich, dass psychosoziale Faktoren wie der Verlust sozialer Kontakte, der Verlust des Partners und ein sozialer Abstieg mit einem erhöhten Risiko für eine Depression einhergehen (Cole und Dendokuri 2003). Ein gemeinsamer Nenner der genannten psychosozialen Risikofaktoren ist die Einsamkeit, welche aus einem ausgedünnten sozialen Netzwerk im Alter resultieren kann. Eine Meta-Analyse der Daten von über 300.000 Personen kam zu dem Schluss, dass Einsamkeit das Mortalitätsrisiko in ähnlicher Weise erhöhen kann wie »herkömmliche« Risikofaktoren wie z. B. Rauchen oder Fettleibigkeit (Holt-Lunstad et al. 2015). In einer Längsschnittstudie von Long Lee et al. (2021) wird der Zusammenhang zwischen Einsamkeit und depressiver Symptomatik untersucht. Ein hohes Ausmaß an Einsamkeit bei Erwachsenen >50 zu Beginn korrelierte deutlich mit der Depressionsschwere im 12-Jahres Follow-up (mit 6 Messzeitpunkten)

Einsamkeit rückt medial immer weiter in den Fokus und schlägt sich mittlerweile auch in politischer Relevanz nieder. So gibt es beispielsweise in England seit 2018 ein eigens eingerichtetes Ministerium für Einsamkeit. Auch in medial aufbereiteten Erhebungen, wie z. B. der »Deutschland-Studie« im öffentlich-rechtlichen Rundfunk erfolgt eine intensive Auseinandersetzung mit der Einsamkeit im Alter. Die dort durchgeführte Befragung ergibt, dass vor allem ältere Menschen in Großstädten von Einsamkeit betroffen sind. Dies lässt sich durch den Umstand erklären, dass dort die Anzahl der Single-Haushalte mit älteren Menschen am höchsten ist. Der Deutsche Alterssurvey (DEAS), der seit 1996 eine große Stichprobe von mehreren tausend Frauen und Männern ab 40 Jahren zu ihrer Lebenssituation im Quer- als auch im Längsschnitt untersucht, liefert wertvolle Anhaltspunkte zur Einsamkeit im Alter (Huxhold und Engstler 2019). So scheint das Einsamkeitsrisiko nicht linear mit dem Alter anzusteigen, sondern nimmt einen u-förmigen Verlauf mit einem Absinken bis Mitte 60 und dann einer Zunahme bis ins hohe Alter. Auch gibt es hier eine Geschlechtsspezifik in der Form, dass »junge alte« Männer im Vergleich zu Frauen häufiger von Einsamkeit betroffen sind. Dieses Verhältnis kehrt sich jedoch mit zunehmendem Alter um und somit sind hochaltrige Frauen häufiger betroffen, was sich zum Teil mit deren höherer Lebenserwartung erklären lässt.

Interessanterweise ist das Risiko, einsam zu sein, bei späteren Geburtskohorten wie den Babyboomern nicht mehr so stark mit dem Lebensalter verknüpft, während die oben erwähnten Geschlechtsunterschiede in dieser Kohorte bestehen zu bleiben scheinen (Huxhold und Engstler 2019). Einschränkend ist zu erwähnen, dass verlässliche Daten zur Einsamkeit für Hochaltrige kaum vorhanden sind und auch die Gruppe der Heimbewohner, die ebenfalls betroffen sein könnte, in Befragungen unterrepräsentiert ist.

Die Corona-Pandemie und die mit ihr zusammenhängenden Einschränkungen des öffentlichen und privaten Lebens (Lockdown, »Social Distancing«) hat für *alle* Altersgruppen erfahrbar gemacht, was es bedeutet, die sozialen Kontakte und Aktivitäten massiv reduzieren zu müssen. Erste Ergebnisse der NAKO Gesundheitsstudie (Peters et al. 2020) weisen darauf hin, dass die COVID-19-Pandemie die subjektiv wahrgenommene psychische Gesundheit verändert. Jüngere scheinen offenbar aber mehr belastet zu sein als Ältere, wobei nur Personen bis 74 Jahren in die Studie einbezogen worden waren.

Für Psychotherapeuten gilt unabhängig vom eingesetzten Therapieverfahren, dass das soziale Netzwerk bzw. potentielle Risiken für Einsamkeit bei Älteren unbedingt sorgfältig exploriert werden sollte. In der IPT ist die Erhebung des sozialen Netzwerks essenzieller Bestandteil der Anfangsphase der Behandlung, was die IPT deutlich von anderen Verfahren unterscheidet (▶ Kap. 3.2.1). Hinweise auf Einsamkeitsrisiken können beispielsweise kürzlich und länger zurückliegende Todesfälle in Familie und Freundeskreis sein. Auch die häufig eingeschränkte Mobilität älterer Personen sowie deren gleichaltriger Kontaktpersonen können eine Barriere darstellen und häufigeren Kontakt verhindern. An dieser Stelle wirkt erschwerend, dass Kinder und Enkel häufig nicht im selben Ort wohnen und somit ein engmaschiger Kontakt zur Kernfamilie nicht gegeben ist. Die Nutzung neuer Medien stellt für die aktuelle Kohorte älterer Patienten teilweise eine unüberwindbare Hürde da, sodass auch dieser potentielle Kommunikationskanal nicht genutzt werden kann. Dies wird sich teilweise in den kommenden Jahren wandeln, da die bereits erwähnte Babyboomer Kohorte häufig schon sehr sicher digital unterwegs ist und soziale Medien und Messenger-Dienste für sich zu nutzen weiß. Nicht zuletzt wird Einsamkeit durch verschiedene gesellschaftliche Gegebenheiten aufrechterhalten. Die Teilhabe älterer Personen wird beispielsweise durch Altersdiskriminierung und bestehende Altersstereotype verhindert. Auch Armut im Alter, welche besonders Frauen betrifft, schränkt die Teilhabemöglichkeiten massiv ein. Und zur bereits eingeschränkten Mobilität aufgrund körperlicher Funktionsbeeinträchtigungen kommt die an vielen Orten limitierte Barrierefreiheit, die den Radius für soziale Aktivitäten zusätzlich einschränkt.

1.5 Einordnung der Leitlinien zur Behandlung der unipolaren Depression

Die aktuellen S3-Leitlinien zur Behandlung der unipolaren Depression von 2015, enthalten neben den allgemeinen Behandlungsempfehlungen auch wenige spezifische Empfehlungen für ältere Patienten. Die Leitlinie kann über https://www.awmf.org/leitlinien/detail/ll/nvl-005.html abgerufen werden.

Die Studienzahl, die zur Beurteilung der Wirksamkeit psychotherapeutischer Verfahren zur Behandlung der Depression bei Älteren herangezogen wurde, spiegelt die bereits erwähnte dünne Studienlage wider. Die Empfehlungen stützen sich auf 15 Meta-Analysen und Reviews, die hauptsächlich Stichproben mit älteren Personen unter 80 Jahren umfassten. Hochbetagte über 80 Jahre wurden nur vereinzelt untersucht.

Anhand der vorliegenden Studien wurden folgende psychotherapeutische Verfahren begutachtet: die KVT, die Reminiszenztherapie, die Problemlösetherapie, die psychodynamische Psychotherapie sowie die IPT. Alle genannten Therapien zeigten sich als wirksam in der Behandlung einer Depression im Alter. Speziell für die IPT zeigten sich Vorteile gegenüber TAU sechs Monate nach Behandlungsende bei Älteren aus einem stationären Setting, unmittelbar nach Behandlungsabschluss unterschieden sich die Behandlungsformen nicht (Francis und Kumar 2013). Es fehlen zu allen genannten Therapieverfahren Studien, in denen mit aktiven Therapie-Interventionen verglichen wird sowie Studien mit Hochaltrigen.

Aus der Übersicht bzgl. der Studienergebnisse werden in der Leitlinie drei Empfehlungen hinsichtlich der Behandlung Älterer abgeleitet. Erstens soll älteren depressiven Patienten eine Psychotherapie angeboten werden (Empfehlungsgrad A), zweitens soll eine Kombinationsbehandlung von Pharmako- und Psychotherapie bei schweren Episoden erfolgen (Empfehlungsgrad B) und drittens soll Betroffenen mit komorbider leichter kognitiver Einschränkung eine Psychotherapie, bevorzugt im Einzelsetting, angeboten werden (Empfehlungsgrad B).

Zusammenfassend spiegeln die Leitlinien die Notwendigkeit wider, älteren Patienten mit Depression eine Psychotherapie in Form der oben genannten evidenzbasierten Verfahren anzubieten. Das vorliegende Manual hat zum Ziel, die als wirksam belegte IPT für ältere Betroffene mit unipolarer Depression zu modifizieren.

2 Einführung in die Interpersonelle Psychotherapie im Alter (IPT-Late Life)

Bei der Interpersonellen Psychotherapie (IPT) handelt es sich ursprünglich um eine speziell zur Behandlung unipolarer Depressionen entwickelte Kurzzeittherapie. Sie wurde in den 60er-Jahren von Klerman und Weissman und ihrer Arbeitsgruppe entwickelt und in einem Manual veröffentlicht (Klerman et al. 1984: update: Weissman et al. 2018). Der theoretische Hintergrund basiert auf Arbeiten der neoanalytisch orientierten Interpersonellen Schule um Harry Stack Sullivan (1953) und auf Erkenntnissen der Bindungsforschung (Bowlby 1969). Auch Donald Kieslers Interpersonelle Theorie (1996) wird als Erweiterung der theoretischen Basis diskutiert.

Im deutschsprachigen Raum wurde das Verfahren in den 1990er Jahren eingeführt und von Schramm (2019) und ihrer Arbeitsgruppe kontinuierlich weiterentwickelt. Eine aktuelle Übersicht dazu findet sich bei Schramm (2021). Bei der stationären Anwendung (IPT-S) sind einige Modifikationen zu berücksichtigen, sie betreffen insbesondere den Einsatz der IPT im Gruppenformat und die Einbeziehung des multiprofessionellen Teams. Die Wirksamkeit der IPT-S konnte in einer kontrollierten Studie nachgewiesen werden (Schramm et al. 2007).

Eine Modifikation der IPT für ältere depressive Menschen, die IPT-Late Life (IPT-LL), wurde in den späten 1980er-Jahren erstmals von Frank et al. (1991) für Ambulanzpatienten entwickelt. Der Behandlungsfokus liegt auf dem Zusammenhang zwischen depressiver Symptomatik und alterstypischen interpersonellen bzw. psychosozialen Belastungsfaktoren: z. B. Einsamkeit, zunehmende körperliche Beschwerden und Einschränkungen, vermehrte Verluste von Bezugspersonen, Berentung, Übergang in Pflegeeinrichtungen oder die zunehmende Abhängigkeit von anderen. All diese Schwierigkeiten lassen sich unter den ursprünglichen vier Foci der IPT, »Rollenwechsel«, »Trauer«, »interpersonelle Konflikte« und »Einsamkeit« einordnen. Sie spiegeln die psychosozialen Probleme älterer Menschen sehr gut wider und finden hohe Akzeptanz bei Betroffenen und deren Angehörigen. Die Symptombewältigung, die Auseinandersetzung mit der depressiven Erkrankung und die Bearbeitung des Problembereichs werden als entscheidend für die Remission der Erkrankung angesehen. Altersspezifische Perspektiven (z. B. bzgl. Therapiezielen, -techniken und Setting) werden berücksichtigt.

Hinrichsen und Clougherty (2006) publizierten ein IPT-Manual für Ältere, das auch Erkenntnisse der Gerontologie und Geriatrie integriert. Eine Kurzbeschreibung der IPT im Alter findet sich bei Weissman et al. (2018). Markowitz (2021) setzt mit den psychischen Folgen der Corona-Krise auseinander, und skizziert ein IPT spezifisches Vorgehen. Dieser Ansatz dürfte für ältere Menschen, die sowohl unter Depressionen als auch Ängsten leiden, von Bedeutung sein.

Für stationär behandlungsbedürftige Depressive wurde am Universitätsklinikum Freiburg (Klinik für Psychiatrie und Psychotherapie) ein Behandlungskonzept entwickelt, das die Implementierung von Gruppenangeboten, die Intensivierung von Psychoedukation (auch der Angehörigen), Symptommanagement sowie den Einbezug des Pflegepersonals und des Sozialdienstes in den therapeutischen Prozess beinhaltet. Das vorliegende Manual beinhaltet Einzel- und gruppentherapeutische Interventionen sowohl für den ambulanten als auch den stationären Bereich. Damit ist es auch für schwer depressive Ältere und Multimorbide geeignet.

2.1 Modifikationen bei der IPT-Late Life

Therapieinhalte: Die in der IPT üblicherweise fokussierten Problembereiche (Verlusterlebnisse, Einsamkeit, Rollenwechsel, interpersonelle Konflikte) werden altersspezifisch definiert. So wird bei der IPT-LL der Problembereich »Einsamkeit und Isolation« nicht wie bei Jüngeren mit gravierenden interpersonellen Defiziten in Verbindung gebracht, sondern als altersbezogenes Problem im Zusammenhang mit abnehmender Mobilität, physischen Einschränkungen und einem dünner werdenden sozialen Netz gesehen. Der Altersprozess selbst wird als Rollenwechsel und -übergang definiert; der psychotherapeutische Zugang soll dadurch erleichtert werden. Beim Problembereich »Konflikte« können altersrelevante Themen bearbeitet werden, z. B. zunehmender Autonomieverlust und Abhängigkeit von anderen, unerfüllte Versorgungswünsche, Dominanzwechsel in der Partnerschaft etc. Beim Problembereich Trauer muss sich die Trauerarbeit nicht nur auf Verstorbene beziehen, sondern auf den Verlust des gesunden, ebenbürtigen Partners, z. B. bei demenziellen Erkrankungen. Auch multiple Verluste spielen bei Älteren eine größere Rolle. Bei allen vier Problembereichen stehen die Gesamtbetrachtung und Würdigung der individuellen Lebensgeschichte und der früheren Beziehungen mehr im Vordergrund als bei jüngeren Depressiven.

Therapieziele: Im Sinne einer Optimierung von Therapiezielen, sollte bei der Auswahl des Problembereichs darauf geachtet werden, dass dieser veränder- bzw. beeinflussbar ist. Aber auch innerhalb der Problembereiche werden altersspezifische Modifikationen vorgenommen. So können bei einem langjährigen (unlösbar erscheinenden) Ehekonflikt die Toleranzerhöhung und die Würdigung von positiven Aspekten der Beziehung im Vordergrund stehen und weniger eine Veränderung dysfunktionaler Interaktionen. Bei einem gravierenden Rollenwechsel (z. B. Zustand nach schwerem Schlaganfall) sollten Betroffene ermutigt werden, sich an die neue Situation anzupassen und das »Beste aus der Situation zu machen« und nicht – wie im Manual für Jüngere vorgesehen – »die neue Rolle positiver zu sehen«. Akzeptanzziele spielen bei der IPT-LL generell eine größere Rolle.

Settingvariablen und Therapietechniken: Die Modifikationen im vorliegenden Manual betreffen insbesondere die Sitzungslänge und -frequenz im stationären Setting sowie verschiedene Therapietechniken (z. B. Exploration, Gefühlsfokussierung, Feedback-Techniken etc.). Als empirische Therapie ist die IPT seit ihrer Gründung bemüht, ihre Methoden und Wirksamkeit zu überprüfen. Miller und Reynolds (2006) überprüften die Wirksamkeit verschiedener Techniken in der therapeutischen Arbeit mit kognitiv beeinträchtigten altersdepressiven Patienten. In dieser Modifikation (IPT-CI) erwies sich die Integration des betreuenden Angehörigen für die Lösung der interpersonellen Konflikte und des Rollenwechsels (von kognitiv unbeeinträchtigt zu gestört) als entscheidend. Shear et al. (2014) verglichen »klassische IPT« bei Trauer mit **Complicated Grief Treatment (CGT)**, einem Therapieprogramm bestehend aus IPT, Motivational Interviewing und Expositionsmodulen. Die Reduktion von Trauersymptomen war in der CGT-Bedingung doppelt so hoch wie in der IPT-Gruppe. Die Ergebnisse weisen darauf hin, dass der Abbau von Vermeidung auch bei Älteren ein wichtiges Therapieziel darstellen könnte und dass die Anwendung der »üblichen« IPT-Trauerstrategien und -techniken nicht ausreichend ist. Hervorzuheben ist, dass sich die IPT der Techniken anderer Therapieschulen bedient und bezüglich Neuerungen (z. B. imaginative Techniken, mentalisierungs- oder achtsamkeitsbasierte Interventionen) grundsätzlich offen zeigt.

Die therapeutische Beziehung: IPT-LL Therapeuten sind sehr aktiv, unterstützend und bieten direkte Hilfen bei Problemlösungen an (▶ Tab. 2.1), z. T. in enger Kooperation mit dem Sozialdienst. Die im Alter zu beobachtenden »Abhängigkeitstendenzen« sollen durch den Einbezug anderer Berufsgruppen verringert bzw. begrenzt werden. Übertragungsphänomene finden eine besondere Berücksichtigung. So dürfen Aspekte positiver Übertragung (z. B. Geschenke) therapeutisch genutzt werden, z. B. als Ausdruck des noch Kreativ-Seins und Geben-Könnens. Bei negativer Gegenübertragung (z. B. Wenn das Patientenverhalten an eigene, ältere Bindungspersonen erinnert) wird keine Konfrontation, sondern Supervision empfohlen. Kommt es zu offenem oder verdecktem, verbalem oder nonverbalem Widerstand, so sollten IPT-LL Therapeuten ihre freundliche Grundhaltung bewahren und mit Patienten besprechen, welche Bedeutung oder interpersonelle Funktion ihr Verhalten hat. Hier bietet sich der Einsatz des Kiesler Kreismodells an. Kiesler (1996) konzeptualisiert interpersonelle Muster von »zirkulärer Kausalität«, was bedeutet, dass sich die Interaktionsmuster von Individuen permanent gegenseitig bedingen. Auf einem interpersonellen Circumplex beschreibt er die beiden Dimensionen »Dominanz-Unterwürfigkeit« sowie »Freundlichkeit-Feindseligkeit/Distanz«. Freundliches Verhalten ruft komplementäre Freundlichkeit und nähesuchendes Verhalten beim anderen hervor, Feindseligkeit/Distanz bewirkt distanzierendes, ablehnendes Verhalten. Dahingegen zieht Dominanz reziproke Submissivität in Form von passivem Folgeverhalten nach sich. Menschen mit längerandauernden oder chronischen Depressionen geben sich im therapeutischen Kontext eher feindselig-unterordnend (d. h. auch hilflos, selbstbeschuldigend, ängstlich). Therapeuten sollten sich nicht in dieses Muster »hineinziehen« lassen und auf der freundlich-dominanten Seite bleiben (d. h. wertschätzend, hilfsbereit, kooperativ, was ein freundliches Feedback nicht ausschließt).

Die Beziehungsgestaltung Älterer unterscheidet sich nicht wesentlich von jüngeren Patientengruppen. Oft wird älteren Menschen aber ein adäquates Feedback aus falsch verstandener Rücksicht bzw. positiver Diskriminierung vorenthalten. Generell sollten Therapeuten über den Tellerrand ihrer eigenen Alterskohorte schauen, sich mit den Besonderheiten der Sozialisationsbedingungen älterer Generationen (Nachkriegsgeneration, »Alt 68er«, Babyboomer) vertraut machen.

Als allgemeine Therapieregeln für IPT im Alter gelten:

- Wertschätzung selbst der kleinsten Fortschritte
- Akzeptanz der Grenzen von Psychotherapie
- Akzeptanz von realistischen Altersproblemen, die nur schwer einer Lösung zugänglich sind.

Tab. 2.1: Modifikationen der IPT-LL

Relevante Aspekte	Anpassungen
Therapeutische Haltung	Aktiv, unterstützend, fokussierend, konkrete Hilfen anbietend
Therapeutisches Team	Multiprofessionell, arbeitet eng mit anderen Berufsgruppen (z. B. Sozial- und Pflegedienste, hausärztliche Versorgungsysteme) zusammen
Problemfokus	Aktuelle depressionsassoziierte Belastungen, aber auch existenzielle und biographische Themen
Techniken	Keine Einschränkungen, aber mehr Einsatz von Klärungs- und Akzeptanzstrategien sowie Feedback
Übertragungseffekte	Finden Berücksichtigung, ebenso das Altersgefälle in der therapeutischen Beziehung
Multimorbidität	Bedeutsamer (z. T. therapieerschwerender) Faktor, Funktionalität und »interpersonelle« Botschaften können Gegenstand der Therapie sein

2.2 Wirksamkeit der IPT-LL

In randomisiert-kontrollierten Studien (z. B. Schulberg et al. 2006; van Schaik et al. 2007) unter »Primary care« Bedingungen war die IPT bei älteren Depressiven kurz- wie auch langfristig gleichermaßen wirksam wie eine medikamentöse Behandlung und erfolgreicher als eine übliche ärztliche Betreuung. In einer frühen Studie von Reynolds et al. (1999) mit sog. »young-olds« konnten positive Effekte der IPT-LL auf die Erhaltung symptom- und rezidivfreier Intervalle bestätigt werden. Bei depressiven Patienten ab 70 Jahren, die allerdings unter ausgeprägteren körperlichen Begleiterkrankungen litten und kognitiv beeinträchtigter waren als die zuvor untersuchte Stichprobe, schien die IPT weder mit noch ohne Medikation wirksamer als ärztliche Gespräche und Medikation zu sein (Reynolds et al. 2006). Die Ergebnisse legen nahe, dass die Nützlichkeit der IPT Late Life bei komorbiden medizinischen Erkrankungen eingeschränkt ist. Möglicherweise profitiert diese Patientengruppe mehr von einem stationären Setting, in dem auf die Komplexität der Erkrankung (insb. Multimorbidität) adäquater eingegangen werden kann. An der Klinik für Psychiatrie und Psychotherapie des Univ. Klinikums Freiburg besteht seit den 1990er Jahren eine Station für Psychotherapie affektiver Störungen im Alter, auf der das stationäre IPT-LL Konzept implementiert, erprobt und modifiziert werden konnte. In einer Studie von Schramm et al. (2007) mit stationär behandlungsbedürftigen Patienten bis zum 65. Lebensjahr erwies sich ein IPT-Behandlungsprogramm schon nach fünf Wochen wirksamer als eine psychiatrische Standardbehandlung.

Teil B Manual zur Interpersonellen Psychotherapie im höheren Lebensalter: IPT-Late Life

3 Allgemeine Konzeption des Manuals

In seiner ursprünglichen Form (Klerman et al., 1984) wurde die IPT auf drei Ebenen konzipiert: auf der Ebene der Strategien, d. h. *wie* bestimmte therapeutische Aufgaben auszuführen sind, der Ebene der Techniken und der Therapeutenrolle. Die eigentliche Besonderheit der IPT sowie auch der IPT-Late Life (im Folgenden IPT-LL) liegt auf der Ebene der Strategien. Diese werden in drei Behandlungsphasen eingesetzt. In der Anfangsphase (ca. 1.-3. Sitzung) wird die Krankheit Depression im Alter im Rahmen eines medizinischen Krankheitsmodells diagnostiziert und mit den altersspezifischen Besonderheiten erklärt. In der mittleren Phase (ca. 4.-12. Sitzung) werden die mit der Depression assoziierten Problembereiche mithilfe spezifischer Strategien »durchgearbeitet«. Die Begriffe Einsamkeit, Trauer, Lebensveränderungen oder zwischenmenschliche Konflikte sind leicht verständlich und konkret auf ihren jeweiligen Alltag bezogen. In den Beendigungssitzungen (ca. 13.–15. Sitzung) findet eine explizite Vorbereitung auf das Therapieende statt. Auch wird geklärt, ob eine niederfrequentere Erhaltungstherapie nötig ist. Ein großer Vorteil des IPT Manuals liegt in der flexiblen, halbstrukturierten Form des Verfahrens, die es (erfahrenen) Psychotherapeuten erlaubt, sich sowohl an den individuellen Bedürfnissen und Eigenschaften der Patienten und ihrer Bereitschaft zur Veränderung zu orientieren als auch den eigenen therapeutischen Stil umzusetzen. Diese Flexibilität ist im Bereich der Gerontopsychotherapie besonders wertvoll. Es wird nicht nur ein großes Altersspektrum behandelt, von »jungen Alten« bis zu Hochbetagten, sondern es müssen auch die Besonderheiten von Subgruppen (z. B. Multimorbide, Ambulanzpatienten) berücksichtigt werden.

3.1 Die Anfangsphase: Umgang mit der Depression

Am Beginn der IPT-LL steht die Auseinandersetzung mit der (Alters-) Depression und deren Symptomen. Neben den klassischen depressiven Symptomen, wie Freud- und Hoffnungslosigkeit, stehen bei Älteren vermehrt kognitive und somatische Beschwerden sowie multiple Ängste im Vordergrund. Die Vorgeschichte der depressiven Entwicklung, d. h. erste Symptome im Kontext von psychosozialen und interpersonellen Belastungen, wie z. B. Verlustereignisse, wird ausführlich besprochen. Eine umfassende medizinische Untersuchung/Diagnostik ist unerlässlich, um somatische Faktoren (wie z. B. neurologische Erkrankungen, Herz-Kreislauferkrankungen, Erkrankungen des Bewegungsapparats), die bei der Depressionsentwicklung eine Rolle spielen könnten, abzuklären. Hierzu gehört auch eine Anamnese bzgl. zurückliegender medizinischer Eingriffe (z. B. Operationen) oder Behandlungen (z. B. Chemo- oder Strahlentherapie). Die Unterscheidung zwischen »rein« depressiven und somatischen Symptomen durch medizinische Begleiterkrankungen ist dabei nicht immer eindeutig. Hier sollten sich Therapeuten ein Basiswissen mit den zu behandelnden Begleiterkrankungen im Alter (z. B. Morbus Parkinson) angeeignet haben und dieses in die Psychoedukation integrieren. Ferner ist darauf zu achten, belastende körperliche Symptome nicht voreilig als »psychisch« zu deklarieren und gemeinsam mit den Betroffenen Strategien zu erarbeiten, wie sie einen positiven Einfluss auf diese nehmen können. Dies kann Gefühle von Ausgeliefertsein und Ohnmacht verringern und eine aktive Krankenrolle ermöglichen.

Bei der Auseinandersetzung mit der Depression werden auch frühere Episoden und deren jeweilige interpersonelle Auslöser und/oder Folgen berücksichtigt. Es wird geklärt, unter welchen Umständen die Beschwerden abgeklungen sind und welche Maßnahmen (auch medikamentöse) oder Strategien die Personen damals ergriffen hatten. Dies spielt für die Symptombewältigung und Ressourcenaktivierung eine große Rolle, könnte für ältere Menschen mit einer langen Krankheitsgeschichte aber eine Überforderung darstellen. Hier ist der Einbezug von Angehörigen unbedingt zu empfehlen. Da Suizidalität im Alter (insb. bei älteren, alleinstehenden Männern) eine große Gefahr in sich birgt, sollte diese bereits zu Beginn der Behandlung sorgfältig abgeklärt werden (▶ Kap. 1.1).

Eine wichtige Aufgabe in dieser Anfangsphase ist, dass Betroffene in ihren Beschwerden ernst genommen werden und ihnen das Gefühl vermittelt wird, dass ihre Probleme mit therapeutischer Hilfe bewältigt werden können. Dies ist auf gerontopsychiatrischen Stationen und im ambulanten Setting leider keine Selbstverständlichkeit. Eine einseitige medikamentöse Behandlungsstrategie wird noch sehr häufig präferiert, oft auch aus Ermangelung an Alternativen. Die Botschaft sollte lauten: »Auch Depressionen im Alter sind gut behandelbar!« Der psychosoziale Kontext der Störung steht bei der IPT-LL immer im Mittelpunkt. Die Betroffenen sind nicht schuld an ihrer Erkrankung, sondern es wird ein multifaktorielles Bedingungsmodell erarbeitet, welches sie von ihren Schuld- und Versagensgefühlen entlastet. Annahmen wie »Ich verstehe nicht, wo das herkommt, ich konnte doch früher alles«, sollen in Hinblick auf ein differenziertes Krankheitsverständnis modifiziert werden. Die pharmakotherapeutischen Behandlungsoptionen sollten verständlich erklärt werden (z. B. Unterschied zwischen Benzodiazepinen und Antidepressiva, Wirkung von Neuroleptika), mögliche Nebenwirkungen, wie z. B. eine erhöhte Sturzgefahr nicht verschwiegen werden. Die Bedürfnisse vieler älterer Menschen (z. B. nicht zu viele Medikamente nehmen zu müssen oder auf keinen Fall auf ein Mittel verzichten zu wollen) sollten ernst genommen und nicht paternalistisch, sondern im »shared decision« Modus erörtert werden. Letzteres setzt sich im gerontopsychiatrischen Bereich nur schwer durch. Freundliche Dominanz bis hin zur Bevormundung durch Fachpersonal ist keine Seltenheit, was durch die Autoritätsgläubigkeit der jetzigen Alterskohorten möglicherweise gestützt bzw. herausgefordert wird.

3.1.1 Erhebung von Symptomen

Zur Symptomerhebung gehört es, die Vielfalt der depressiven Beschwerden detailliert abzuklären. Die Hamilton-Depressionsskala (HAMD) sowie die Geriatric Depression Scale (GDS) können für die systematische Abklärung der Symptome nützlich sein (▶ Tab. 1.1). Folgende Symptome sind bei Depressionen im Alter besonders relevant.

Grübeln

»Grübeln Sie sehr viel und wenn ja, worüber machen Sie sich Gedanken? Können Sie sich noch ablenken oder kommen Sie von diesen Gedanken gar nicht mehr los? Wieviel Zeit verbringen sie mit ihren negativen Gedanken?«

Schuldgefühle

»Leiden Sie unter Schuldgefühlen, z. B. über Dinge, die Sie getan oder nicht getan haben? Können Sie davon etwas mehr erzählen? Sind Sie durch ihre Schuldgefühle arg gequält?«

Suizidalität

»Haben Sie das Gefühl, dass Ihr Leben nicht mehr lebenswert ist? Haben Sie schon einmal versucht, sich etwas anzutun? Auch wenn es für Sie nicht ganz leicht sein dürfte, könnten Sie das etwas näher beschreiben?«

Schlafstörungen

»Wie ist Ihr Schlaf? Haben Sie Ein- oder Durchschlafstörungen, wachen Sie morgens zu früh auf? Haben diese Auffälligkeiten erst mit der Depression begonnen oder haben Sie mit dem Älterwerden Veränderungen Ihres Schlafes bemerkt? Wie sind ihre Schlafgewohnheiten? können Sie mir diese etwas genauer beschreiben?«

Aktivitäten

»Wie gut kommen Sie mit den Dingen des alltäglichen Lebens (Einkaufen, Haushalt machen, Hygiene, soziale Kontakte, Hobbys) klar? Haben Sie Schwierigkeiten Ihre gewohnte Tagesstruktur einzuhalten oder ist diese gar »zerfallen«? Sind Sie bei Ihren Aktivitäten mehr auf die Unterstützung anderer Menschen angewiesen, wie erleben Sie das? War das früher anders?«

Psychische Angst

»Sind Sie ängstlicher als früher geworden? Wovor haben Sie Angst oder worüber machen Sie sich Sorgen? Haben Sie Angst, nicht mehr gesund zu werden? Oder haben Sie sich in bestimmten Situationen ängstlich gefühlt (z. B. allein aus dem Haus gehen, sich in einem Supermarkt aufzuhalten)?«

Somatische Angst

»Haben Sie unter Symptomen gelitten, die mit Angst in Verbindung stehen? Zittern, übermäßiges Schwitzen, Würge- oder Erstickungsgefühle, Anfälle von Atemnot, Schwindel, Kopfschmerzen oder Druck im Magen?«

Die folgende Symptomgruppe umfasst eine Vielzahl häufiger körperlicher Beschwerden einschließlich gastrointestinaler und kardiovaskulärer Störungen sowie urogenitale Symptome. Sie spielen bei älteren Depressiven eine größere Rolle, weshalb die zugrundeliegende Depression von Betroffenen und Behandlern gar nicht wahrgenommen wird. Wichtig ist, dass diese Beschwerden auch zu einer Depression zugehörig definiert werden und im Erleben der Patienten z. T. mehr im Fokus stehen als eine niedergedrückte Stimmung.

Gastrointestinale oder urogenitale Symptome

»Wie ist Ihr Appetit? Haben Sie Veränderungen bzgl. Ihrer Verdauung und Ihres Stuhlgangs bemerkt? Mögen Sie davon berichten? Beobachten Sie Ihren Stuhlgang mehr als früher? Welche Konsequenzen ergeben sich für Ihre Stimmung? Wie sieht es mit Ihrer Blasenfunktion aus?«

Allgemeine körperliche Symptome

»Sind Sie leicht erschöpfbar und ständig müde? Strengt es Sie an, irgendetwas zu tun? Verbringen Sie viel Zeit im Bett oder auf der Couch? Schlafend? Leiden Sie unter Schmerzen? Wie steht es um Ihre Mobilität, hat diese in der Depression oder auch schon vorher arg gelitten? Hat sich an Ihrem Gang etwas verändert? Haben Sie Gehprobleme?«

Sexuelle Symptome

»Ich möchte Ihnen jetzt ein paar Fragen zu Ihrer Sexualität stellen, wenn das für Sie in Ordnung ist. Spielt Sexualität für Sie noch eine Rolle, haben Sie Veränderungen festgestellt? Gilt dies auch für Ihr Bedürfnis nach körperlicher Nähe und Zärtlichkeit? Leiden Sie darunter?«

Das Thema Sexualität spielt auch im Alter eine Rolle und sollte nicht tabuisiert werden, zumal sich hieraus Hinweise für die Auswahl eines Problembereichs ergeben könnten (z. B. Ehekonflikt, Rollenwechsel, Einsamkeit).

Umgang mit körperlichen Beschwerden

Diese Kategorie bezieht sich auf die **Einstellung der Patienten zu ihren körperlichen Beschwerden.** Dabei spielt es keine Rolle, ob diese eine organische Ursache haben oder nicht. Ältere Menschen leiden i. d. R. häufiger unter medizinischen Begleiterkrankungen und äußern diese auch, ebenso wie Menschen mit ausgeprägten Gesundheitsängsten. Hier sollte sehr behutsam auf das Thema eingegangen werden, die Funktionalität und der psychosoziale Kontext im Hinterkopf »behalten« werden.

> *»Sie haben mir erzählt, dass Ihre Schmerzen in den Beinen seit Ihrer Prostata OP vor einem halben Jahr schlimmer geworden sind. Können Sie das etwas näher beschreiben?«*

Krankheitseinsicht

> *»Welcher Art, würden Sie sagen, sind Ihre Probleme? Betrachten Sie sich selbst als psychisch krank? Oder glauben Sie an eine ganz andere Ursache?«*

Einsicht bezieht sich darauf, dass Betroffene ihre Störung als psychisch bedingt und als depressiv geprägt erkennen. Dies ist für deutliche Ältere zuweilen schwierig, da sie noch von negativen Stereotypen psychisch Erkrankter geprägt sind (»ich bin doch nicht verrückt«). Oft wird auch eine *organische* Ursache (z. B. »ich habe was im Kopf«) vermutet, die das Annehmen einer depressiven Störung erschwert und eine umfassende Diagnostik nach sich ziehen kann. Es ist darauf zu achten, zwischen Patienten, die ihre depressive Erkrankung *nicht verstehen* und denen, die sie *nicht zugeben* wollen, zu unterscheiden. Für beide Gruppen sind spezielle Interventionen nötig.

Paranoide Symptome

> *»Sind Sie anderen gegenüber misstrauisch? Denken Sie, dass andere hinter Ihrem Rücken über Sie sprechen oder sich über Sie lustig machen? Fühlen Sie sich manchmal verfolgt?«*

Auch wenn psychotische Symptome (z. B. ein ausgeprägtes Wahnsystem) eigentlich eine Kontraindikation für die Durchführung einer IPT-LL darstellen, ist zu klären, inwieweit paranoide Ideen depressive Züge aufweisen bzw. im Kontext der Depression entstanden sind (z. B. als Teil übertriebener Schuldgefühle). Aufbau von Vertrauen, Hoffnungsvermittlung (auch psychotische Symptome können zur Depression gehören und sind behandelbar) sowie eine Besprechung der Symptomentwicklung sind hier zentrale Therapieelemente.

> *Sie haben mir erzählt, dass Sie sich, seitdem Sie bei der Anwendung der Wahl-O-Mat App eine ›falsche Taste‹ gedrückt haben, von einer kriminellen Gruppe verfolgt fühlen. Können Sie mir das genauer beschreiben? Wie hoch schätzen Sie die Gefahr ein? Wie sicher sind Sie, dass die Gefahr real ist? Standen Sie in dieser Zeit vermehrt unter Stress? Mögen Sie davon ein wenig berichten?«*

Gedächtnis- und Konzentrationsstörungen

> *»Wie ist es um Gedächtnis und Konzentration bestellt? Sind Sie vergesslicher geworden als früher? Wo merken Sie das besonders? Fällt es Ihnen schwer mit Schriftmaterial umzugehen? Ist es auch Ihren Angehörigen oder anderen Menschen aufgefallen?«*

Weisen Patienten ausgeprägte kognitive Probleme auf, die möglicherweise eine psychotherapeutische Behandlung erschweren, bietet sich eine neuropsychologische Untersuchung an (z. B. CERAD). Diese Testung kann zur entlastenden Einschätzung führen, dass die subjektiv erlebten Gedächtnisprobleme am wahrscheinlichsten im Kontext der Depression zu sehen sind und keinen demenziellen Abbau markieren.

3.1.2 Einordnung der Symptome in ein Krankheitsbild

Die Vermittlung der Diagnose und die Aufklärung über Depression im Alter werden im stationären Setting oft von mehreren Berufsgruppen (z. B. ärztlicher und psychologischer Dienst, Pflege) geleistet. Dies erhöht die Akzeptanz und auch die Nachhaltigkeit, gerade bei Patienten, die sich mit der Annahme der Diagnose schwertun. Es sollte herausgehoben werden, dass alle erhobenen Symptome (also auch gastrointestinale oder kognitive) als Teil einer Depression zu betrachten sind, eine depressive Störung keinesfalls nur »schlechte Stimmung« oder Antriebslosigkeit beinhaltet. Auf die Koinzidenz von somatischen Erkrankungen und die wechselseitige Beeinflussung ist ebenfalls hinzuweisen. So kann ein Metabolisches Syndrom (Kombination von Übergewicht, Bluthochdruck, Diabetes und einer Fettstoffwechselstörung) eine Depression negativ beeinflussen und umgekehrt. Angststörungen (insbesondere somatische Symptome der Angst) spielen im Alter ebenfalls eine große Rolle und sind in die Psychoedukation zu integrieren.

Was die didaktischen Mittel angeht, können Illustrationen am Flipchart, Patientenratgeber (z. B. Mein schwarzer Hund von Johnstone (2008) sowie die Verwendung von Medien hilfreich sein.

Vermittlung der Diagnose – ein Beispiel

> »Ihre Symptome (die an dieser Stelle genau aufgeführt werden, z. B. Schwindel, gestörter Schlaf, Freud- und Antriebslosigkeit usw.) haben nach unseren Untersuchungen keine organische Ursache. Das ist schon mal eine gute Nachricht! Das bedeutet aber nicht, dass Ihre Beschwerden nicht wirklich vorhanden sind. Wir verstehen sie vielmehr als Symptome einer depressiven Störung, die u. a. durch eine Veränderung des Hirnstoffwechsels entsteht. Dies bewirkt, dass Ihr Appetit und Ihr Schlaf gestört sind, Sie das Interesse an Ihren üblichen Aktivitäten verloren haben. Sie reagieren gereizter auf Ihre Angehörigen, haben sich sozial zurückgezogen, können sich nicht mehr vorstellen, Ihren Alltag zu bewältigen. Dies alles ist Teil des klinischen Bildes einer Depression. Ihre Gedanken über den Tod, Ihre Müdigkeit und das Gefühl der Sinnlosigkeit, die Frage, wie es mit Ihrem Leben weitergehen kann, Ihr Energieverlust, alles ist Teil der depressiven Symptomatik. Die Symptome, die Sie beschreiben, kommen bei depressiven Menschen häufig vor. Oft sind sie auch mit Ängsten verbunden, die sich z. T. auch in körperlichen Beschwerden (wie z. B. Übelkeit, Schwindel) äußern können. Sie leiden unter einer Depression, die man aber auch im Alter gut behandeln kann. Können Sie damit etwas anfangen?«

Daran kann sich eine allgemeine Informationsvermittlung über Depression anschließen:

> »Depression im Alter ist eine häufige Störung, ca. 7 % der erwachsenen Bevölkerung ist davon betroffen, Frauen offenbar häufiger als Männer. Sie macht also auch vor dem Alter nicht halt, die Symptomatik ist »körperbezogener« als bei jüngeren Menschen. Die Erkrankung führt zu einem erheblichen Leidensdruck, sowohl bei den Betroffenen als auch bei den Angehörigen. Oft wird die Erkrankung nicht erkannt oder falsch eingeschätzt, sodass es manchmal sehr (zu) lange dauert, bis eine ambulante oder stationäre Behandlung eingeleitet wird. Die gute Nachricht ist, dass auch für ältere Depressive eine Vielzahl von Behandlungsmöglichkeiten zur Verfügung steht und dass die Aussichten auf eine Genesung oder eine deutliche Symptomverbesserung gut sind. Sie dürfen die Hoffnung nicht aufgeben, wenn die ersten Behandlungsversuche nicht gleich den erwünschten Erfolg bringen. Depressionsbehandlung erfordert Zeit, Geduld und die Bereitschaft aktiv an der Krankheitsbewältigung mitzuarbeiten. Wie das konkret aussehen kann, werde ich (bzw. unser Team) Ihnen in der nächsten Zeit näherbringen. Die meisten Menschen mit einer Depression sprechen gut auf die Behandlung an. Ich bin mir sicher, dass Sie sich nach der Therapie hier deutlich besser fühlen werden und wieder in ihren normalen Alltag zurückkehren werden.
>
> Psychotherapie gilt als eine der Standardmaßnahmen bei der Depressionsbehandlung. Ihre Wirksamkeit konnte in einer Vielzahl wissenschaftlicher Untersuchungen nachgewiesen werden. Psychotherapie soll Ihnen helfen, die Probleme anzugehen, die mit zu Ihrer Depression beigetragen haben. Haben Sie schon Erfahrung mit Psychotherapie gemacht oder eine Meinung dazu?«

Im ambulanten Setting ist das Aufsuchen einer psychiatrischen Praxis zu empfehlen. Auch wenn ältere Menschen eine kritische Meinung dazu haben, sollten ihnen Informationen über eine medikamentöse Begleitbehandlung nicht vorenthalten werden. Für viele Betroffene ist der Unterschied zwischen Psychotherapeuten und Psychiatern oft gar nicht klar; auch hier hilft Aufklärung sowie – angesichts der überfüllten Praxen – Unterstützung bei der Kontaktaufnahme.

3.1.4 Zuteilung der Krankenrolle

Die Erhebung der Symptome, die Diagnose und die Informationen über die Depression und deren Behandlung dienen dazu, älteren Depressiven das Konzept der »**Krankenrolle**« nahe zu bringen. Diese Rolle erlaubt es den Betroffenen für einen gewissen Zeitraum »krank« zu sein und Zuwendung sowie Unterstützung von anderen zu erhalten, die ihnen – tatsächlich oder nach subjektivem Empfinden – in der Vergangenheit nicht in ausreichendem Maße gegeben wurde. Die Idee der »Krankenrolle« wurde erstmals von Talcott Parsons (1951) vorgestellt. Parsons, Soziologieprofessor an der Harvard Medical School und einer der Gründer der Medizinischen Soziologie, stellte fest, dass es sich bei Krankheit nicht nur um einen »Zustand«, sondern auch um eine soziale Rolle handelt. Die wesentlichen Kriterien einer sozialen Rolle betreffen die Einstellung sowohl derjenigen, die diese Rolle innehaben, als auch das soziale Umfeld. Für ältere Depressive bedeuten die Annahme der Krankenrolle, dass sie vorübergehend von ihren, sie oft überfordernden, sozialen Pflichten und Verantwortlichkeiten befreit werden sowie konkrete Unterstützung erfahren. Dies könnte folgendes beinhalten:

- Sich nicht mehr um (pflegebedürftige) Partner oder Angehörige kümmern müssen.
- Bei den Aktivitäten des täglichen Lebens (z. B. Haushalt, Einkaufen, Hygiene, Schriftverkehr mit Behörden und Institutionen) Unterstützung bekommen.
- Verständnis und Hilfe auch bei »anstrengenden« Krankheitssymptomen (z. B. »Klagen und Jammern«, Wahnsymptomatik, Agitiertheit etc.) erhalten, statt Abwertung.

Die Krankenrolle impliziert, dass dieser unerwünschte Zustand temporär ist, das heißt, so schnell wie möglich beendet werden sollte. Im Alter ist dies möglicherweise ein unrealistisches Ziel, da auch nach Abklingen der depressiven Symptomatik Einschränkungen in der psychosozialen Funktionstüchtigkeit und körperliche Beschwerden weiter vorhanden sein können. Hier ist zu klären, welche Hilfsangebote (z. B. durch Sozialstationen oder andere Stützsysteme) zur weiteren Entlastung nötig sind. Nicht befreit werden Patienten hingegen von ihrer Verantwortung, die Erkrankung zu akzeptieren und beim Genesungsprozess aktiv mitzuarbeiten.

Die Annahme der Krankenrolle im therapeutischen Prozess kann sich problematisch gestalten, wenn depressive Menschen sehr einseitig an einem primär biologischen Krankheitsmodell festhalten und oder einen raschen Therapieerfolg einfordern (z. B. »Man hat mir gesagt, dass es eine Stoffwechselstörung ist, das muss doch jetzt endlich mal in den Griff zu bekommen sein«). Die Annahme einer aktiven Patientenrolle gilt jedoch als wichtige Voraussetzung für die weitere Behandlungscompliance, »regressive Tendenzen« sowie eine »passive Krankenrolle sollen dadurch begrenzt werden. Trotz aller Bemühungen kann es vorkommen, dass die Krankenrolle sehr ungern aufgegeben wird, insbesondere, wenn sie eine hohe Funktionalität aufweist. Dies ist bei Patienten zu beobachten, die als »Kranke« endlich wieder die Zuneigung und Aufmerksamkeit von ihren Angehörigen bekommen, die sie schon länger vermisst haben. Oder bei multimorbiden, stationären Depressiven, die in der Krankenrolle verharren, da eine Besserung eine baldige Entlassung (und eine schlechtere Versorgung) zur Folge hätte.

Fallbeispiel »Krankenrolle zuweisen«: Frau S., 76 J., seit 6 Monaten schwer depressiv

»Ich kann verstehen, dass Sie sich schlecht fühlen, wenn Sie sich mit Ihren Angehörigen oder anderen Menschen nicht mehr normal unterhalten können oder Ihr Gedächtnis Sie immer mehr im Stich lässt. Wie wir schon ausführlich besprochen haben, hängen die Beschwerden mit Ihrer depressiven Störung zusammen. Und wenn man krank ist, ist man krank! Da kann man leider nicht so denken und fühlen, wie man es normalerweise gewohnt ist. Da hat man auch weniger Interesse und Freude an den meisten Aktivitäten, selbst gegenüber den Angehörigen fühlt man sich oft gleichgültig. Dass Sie deswegen Schuldgefühle haben, ist nachvollziehbar; es ist aber nicht Ihre Schuld, sondern Sie sind an einer Depression erkrankt. Würden Sie sich auch Vorwürfe machen, wenn Sie an einer internistischen Krankheit litten? Ich möchte Ihnen dabei helfen, wie Sie mit diesem unerwünschten Zustand und Ihren Beschwerden besser zurechtkommen können. Dazu ist es wichtig, dass Sie sich jetzt nicht unter Druck setzen, möglichst schnell gesund zu werden, um Ihren Verpflichtungen wieder nachzugehen zu können. Lassen Sie uns überlegen, wie Sie daheim etwas mehr Entlastung bekommen könnten. Wäre es möglich, Ihre Tochter zu bitten, für Ihren Ehemann Essen auf Rädern zu organisieren?

Eine Krankenrolle besagt nicht, dass man gar nichts dagegen tun kann und abwarten muss, bis sich die Krankheit wieder zurückbildet. Im Gegenteil, hier auf unserer Station legen wir großen Wert auf eine aktive Krankenrolle, d. h. dass alle Patienten etwas zu ihrer Genesung beitragen können. Was das für Sie genau bedeutet, werden wir, d. h. das Stationsteam, mit Ihnen noch ausführlich besprechen. Ich bin mir sicher, dass Sie von einigen Strategien profitieren werden und somit etwas zu Ihrem Genesungsprozess beitragen können. Ich habe auch Grund zu der Hoffnung, dass Ihre Probleme lösbar sind, auch wenn Sie das derzeit anders, eben durch die ›depressive Brille‹, sehen.«

Psychoedukative Maßnahmen sollen verdeutlichen, dass Depression eine Erkrankung ist, über die es keine vollständige Kontrolle, aber für die es verschiedene Behandlungsoptionen gibt. Menschen, die ihre Erkrankung unter moralischen Gesichtspunkten als Versagen, »Strafe« oder als Zeichen von Schwäche sehen, werden dadurch entlastet.

3.1.5 Aktive Krankenrolle: Das Symptommanagement

Durch ein gezieltes Symptommanagement werden Betroffene ermutigt, Einfluss auf ihre Beschwerden zu nehmen und somit das Gefühl von Ohnmacht und Hilflosigkeit zu begrenzen. Das Symptommanagement kann sowohl im Gruppen-, als auch im Einzelsetting durchgeführt werden, in der Regel ist das gesamte multiprofessionelle Team einer Station daran beteiligt. Die Einleitung könnte wie folgt aussehen:

»Wir hatten in der letzten Stunde über Ihre depressiven Beschwerden gesprochen und dass wir diese als Teil einer schweren Depression einordnen. Heute würde ich gern mit Ihnen gemeinsam überlegen, was Sie gegen die Symptome, die Sie am meisten belasten, tun können. Sie hatten mir berichtet, dass Sie besonders stark unter ... (hier das jeweilige Symptome nennen) leiden. Wollen wir mal schauen, was sich da anbietet? Ich habe hier eine Liste von Strategien, ich nenne sie auch gern ›psychologische Antidepressiva‹, die wir durchgehen können. Sind Sie damit einverstanden?«

Da im Gruppenmanual (▶ Kap. 4.3.1) die einzelnen Symptome und ihre Beeinflussbarkeit sehr detailliert dargestellt werden, sind im Folgenden nur die Symptome aufgeführt, die in der Einzeltherapie ohnehin besser aufgehoben sind:

Suizidgedanken:

»Sie hatten mir in der letzten Stunde berichtet, dass Sie nicht mehr sehr am Leben hängen, in ganz schlimmen Momenten auch daran gedacht haben, sich etwas anzutun. Dies kommt bei schweren Depressionen leider nicht selten vor und wir betrachten es als ein Symptom der Erkrankung. Wie drängend sind diese Gedanken? Haben Sie auch schon überlegt, wie Sie es tun würden? ...
Ich bin Ihnen sehr dankbar, dass wir so offen darüber sprechen können und uns damit die Möglichkeit geben, gemeinsam etwas dagegen zu tun.«

Hier kann darauf hingewiesen werden, dass bei Suizidgefahr nicht eine sofortige Einweisung oder Verlegung auf eine geschlossene Station erfolgt, was Patienten mitunter abhält, sich weiter zu offenbaren. Vielmehr sollte die Botschaft vermittelt werden, dass es sich um ein sehr ernsthaftes, aber auch typisches Symptom der Depression handelt und dass Patienten damit nicht allein gelassen werden, sondern dass es konkrete Hilfsmaßnahmen gibt. Dies kann im Einzelfall natürlich auch eine vorübergehende Verlegung oder Aufnahme bedeuten, die in einer ruhigen, angstfreien Gesprächsatmosphäre zu (er-)klären ist. Die Rolle der unterstützenden »IPT-Advokaten«, die sich große Sorgen um das Leben ihrer Patienten machen, ist hervorzuheben. Der Einsatz der therapeutischen Beziehung ist dabei erlaubt:

»Es wäre für mich persönlich sehr furchtbar, wenn Sie sich etwas antun würden. Ich vertraue Ihnen, so wie Sie mir vertrauen können. Lassen Sie unser Bündnis nicht auf diese Weise scheitern. Ich kann Ihnen nur helfen, wenn Sie am Leben bleiben!«

Therapeuten sollten sich zudem ein Bild über das individuelle Suizidrisiko ihrer Patienten verschaffen. Auf folgende Faktoren ist neben hohem Alter besonders zu achten:

- Männliches Geschlecht
- Früherer Suizidversuch
- Substanzmissbrauch
- Soziale Isolation, fehlende Bindungen
- Gravierende und multiple Verluste
- »Trügerische Ruhe« nach vorangegangenen Suizidankündigungen oder plötzliche, nicht nachvollziehbare Besserung der depressiven Symptomatik

Neben der Aufklärung über Suizidalität als Symptom der Depression, sollten auch konkrete Maßnahmen besprochen werden:

- Behandlungsabsprachen und Krisenplan in Form von »Wenn-dann-Aussagen« formulieren: Zum Beispiel: Wenn ich starke Suizidgedanken habe, wende ich mich sofort an das Personal (im ambulanten Setting an eine Hilfsperson oder eine Notfallnummer) oder »wenn die Gedanken drängender werden, erinnere ich mich an… (z. B. enge Bindungspersonen) oder mache ich… (Tätigkeit benennen)«. Behandlungsabsprachen sind effektiver als Antisuizidverträge oder -versprechen, die oft zur Beruhigung der Behandler dienen.
- Gründe zu leben auflisten und dem Wunsch zu sterben gegenüberstellen. Vorsicht, falls keine Gründe für das Weiterleben genannt werden können!
- Hoffnung vermitteln und Patienten ermutigen, eine »Schatzkiste« anzulegen mit Erinnerungen, Objekten, Fotos und Dingen, die mit Leben und Hoffnung verbunden sind.
- Falls Suizidgedanken im Kontext akuter Probleme stehen (z. B. finanzielle oder gesundheitliche Zuspitzung): konkrete Lösungsmöglichkeiten besprechen und umsetzen.

Wahn und überwertige Ideen:

Beide Symptome können im Kontext schwerer Depressionen auftreten, und sind zunächst mit Basiskompetenzen (Empathie und Verständnis) zu begegnen. Selbst bei sehr ungewöhnlichen Wahninhalten (z. B. die feste Überzeugung, für eine ausländische Nationalmannschaft als Trainer verpflichtet worden zu sein) sollte der eigene Unglaube zurückgestellt werden. Der Wahn oder die überwertigen Ideen müssen deshalb aber keinesfalls bestätigt werden, stattdessen wird innerhalb des Überzeugungssystems der Patienten gearbeitet, z. B. durch neutrales Fragen. Bei Verfolgungsängsten könnte die Nachfrage lauten: »*Warum dachten Sie, dass sie Ihnen folgen?*« Dieses gezielte Nachfragen ist nötig, um den (interpersonellen) Kontext der Überzeugung zu verstehen. Ist der Wahn in Zusammenhang mit einer Kränkungssituation entstanden oder hat er etwas mit vermehrter Einsamkeit oder Isolation zu tun? Das Vorschlagen alternativer Erklärungen ist eine wichtige therapeutische Strategie. Therapeuten sollten dies nicht direkt tun, sondern vielmehr ihre Gedanken einfließen lassen: z. B. »*Ist es denkbar, dass...*« Weitere hilfreiche Interventionen finden sich im Therapiemanual von Nelson (2010).

Generell ist anzumerken, dass diese Symptomatik z. T. sehr hartnäckig sein kann und dass ein »am Symptom vorbeiarbeiten« (im Sinne der IPT-LL) auch eine Option darstellen kann.

Gastrointestinale und urogenitale Symptome:

Magen-Darm-Beschwerden und Probleme mit der Blasenfunktion sind Top Themen bei Depression im Alter und führen insbesondere bei Verstopfung und Inkontinenz zu einem erheblichen Leidensdruck. Letzteres verstärkt den sozialen Rückzug. Zuweilen ist die Problematik so stark ausgeprägt, dass sie als überwertig bezeichnet werden muss. Von daher gelten die gleichen Regeln wie bei Wahnsymptomen. Psychoedukation spielt bei beiden Symptomkomplexen eine große Rolle. Bei Darmbeschwerden sollte der Einfluss folgender Faktoren besprochen werden.

- Psychische Belastungen, z. B. Stresserleben durch Depression
- Ungünstige Bewertungen (»wenn ich nicht jeden Tag Stuhlgang habe, stimmt etwas nicht«)
- Mangelnde Bewegung
- Einseitige Ernährung
- Nebenwirkungen von Medikamenten

»Herr B. wir haben jetzt eine Reihe von Ursachen für Ihre Stuhlgangbeschwerden durchgesprochen. Ich habe den Eindruck gewonnen, dass Sie sich damit sehr unter Druck setzen und dass dies die Verstopfung noch verstärkt. Was halten Sie davon, die Beschwerden als ein Teil Ihrer Depression zu akzeptieren und etwas mehr auf Ihre Bewegung und ballastreiche Kost achten?«

Bei Blasenschwäche/Inkontinenz:

»Frau H., kann es sein, dass Ihre Blasenschwäche Ihren sozialen Rückzug extrem verstärkt hat, da Sie befürchten, es könnte Ihnen ein »Malheur« passieren? Wollen wir überlegen, wie Sie mit dieser Symptomatik besser zurechtkommen können? Haben Sie schon einmal Beckenbodengymnastik ausprobiert? Was spricht gegen einen Wäscheschutz?«

Sexuelle Störungen:

Nachlassende sexuelle »Funktionstüchtigkeit« ist sowohl ein Depressions- als auch als ein Altersproblem. Viele Antidepressiva verstärken die Problematik, was als häufiger Grund für das Absetzen der Medikation genannt wird (insbesondere bei Männern). Auch hier haben ernst nehmen, Verständnis zeigen und Psychoedukation oberste Priorität.

»Leider gehören sexuelle Störungen zur Depression, aber auch Medikamente können erheblich dazu beitragen, dass ›es‹ (ggfs. näher nachfragen) nicht mehr so gut funktioniert. Das Älterwerden macht bekanntlich nichts besser und trägt sicherlich auch etwas zu Ihren Beschwerden bei, oder haben Sie es vor der Depression ganz anders erlebt?

Was halten Sie davon, sich ärztlichen Rau einzuholen, um zu klären, welchen Anteil Ihre Medikation daran hat und ob es Alternativen gibt? Eine andere Möglichkeit besteht darin, es für einen Zeitraum so hinzunehmen, wie es ist. Ist das für Sie vorstellbar? Viele Menschen sind im Bereich der Sexualität etwas eingeengt auf ›geht‹ oder ›geht nicht‹, gehören Sie auch dazu? Gibt es dazu Alternativen, z. B. andere Möglichkeiten Sexualität zu leben? Haben Sie darüber, auch angesichts des Älterwerdens, schon mal nachgedacht? Befürchten Sie Auswirkungen für ihre Partnerschaft, war dies schon mal ein Thema?«

Fallbeispiel: Herr P., 73 J., seit Jahren rezidivierende Depressionen nach der Pensionierung

Nach der *Symptomerhebung* wurde deutlich, dass Herrn P. Unruhe, Grübeleien sowie eine ausgeprägte Hoffnungslosigkeit am meisten belasteten. Mit Unterstützung der Bezugspflege wurden verschiedene Maßnahmen (z. B. Einbindung in die stationären Therapien, Vereinbarung von Bezugspflegegesprächen) eingeleitet, die vom Patienten zunächst nur sehr widerwillig angenommen wurden (»was bringt mir die Ergotherapie, das ist doch wie im Kindergarten? Warum soll ich mit dem Pfleger sprechen?«). Auch die anhaltende Gereiztheit des Patienten, die das Team deutlich zu spüren bekamen, wurde im Rahmen des *Symptommanagements* besprochen (Ausdruck von Wut und Ärger über die momentane Lebenssituation, Ausdruck von Hilflosigkeit). Interpersonelle Konsequenzen (was löst Verhalten bei anderen aus?) und Möglichkeiten eines angemessenen Ausdrucks negativer Emotionen konnten herausgearbeitet werden.

»Ich kann verstehen, dass Sie es sehr befremdlich finden, in die Ergo- oder Bewegungstherapie zu gehen, Sie unser Angebot als nicht passend betrachten (das tun übrigens viele männliche Patienten). Ich möchte Sie dennoch bitten, einige von den Aktivitäten, die wir durchgesprochen haben, auszuprobieren und zu schauen, wie sich diese auf Ihre Unruhe und Gereiztheit auswirken.«

Eine häufige Beobachtung bei multimorbiden, depressiven Patienten ist, dass unspezifische Symptome wie Unruhe oder Verdauungsprobleme beklagt werden, eine (bedrohliche) körperliche Erkrankung aber weniger thematisiert wird. Auch Herr P. betonte, dass ihm die Diagnose Prostata CA zurzeit nicht so beschäftige, da sich die behandelnden Ärzte sehr zuversichtlich geäußert hätten. Durch das

Validieren der aktuellen Beschwerden fühlen sich die Patienten ernst genommen und sind eher bereit, sich mit ihren Problembereichen auseinanderzusetzen. Den »Wind aus den Segeln zu nehmen«, d. h. Entlastung und Validierung ist eine Strategie, empathische Konfrontation ist dann indiziert, wenn Klagen, Feindseligkeit oder defensives Verhalten zu massiv werden. Der Begriff »Empathische Konfrontation« stammt ursprünglich aus der Schematherapie und kennzeichnet eine Strategie im Umgang mit therapieschädigendem Verhalten. Therapeuten begegnen dem dysfunktionalen Verhalten (z. B. Jammern) zum einen mit Empathie, zum anderen mit Realitätsprüfung (d. h. welche Konsequenzen hat das Verhalten für das eigene Befinden, für die Umwelt). Damit erhalten auch ältere Menschen ein Feedback, dass ihnen aus »falscher Rücksicht« oder aufgrund fehlender tragender Beziehungen nicht mehr zugänglich ist.

> *»Natürlich haben Sie ein Recht darauf, mit Ihren Beschwerden ernst genommen zu werden. Die Art und Weise, wie Sie diese im Augenblick äußern, (…) macht es mir aber sehr schwer, unterstützend für Sie da zu sein. Ich könnte mir auch vorstellen, dass es anderen Menschen ähnlich ergeht und dass Sie sich immer mehr missverstanden und abgelehnt fühlen. Was denken Sie darüber?«*

Sollte ein Symptom trotz aller therapeutischer Bemühungen wenig oder gar nicht beeinflussbar sein, sollte die Funktionalität feinfühlig herausgearbeitet werden. So ist zu klären, ob der anhaltende Symptomstress für die Betroffenen eine Art Schutz vor den Erwartungen ihrer Umwelt darstellt (z. B. den sexuellen Ansprüchen der Partner nicht nachkommen zu müssen, nicht in die »ungeliebte« Pflegeeinrichtung zurück zu müssen etc.). Auch die Klärung zugrundeliegender Bedürfnisse kann sehr hilfreich sein:

> *»Wenn das Symptom sprechen könnte, was würde es sagen?«*

3.1.6 Pharmakotherapie bei älteren depressiven Menschen

Ob eine psychopharmakologische Behandlung notwendig ist, hängt von der Schwere und Dauer der Symptome, den Wünschen und früheren Erfahrungen der Patienten und nicht zuletzt von eventuellen medizinischen Kontraindikationen ab. Trotz Empfehlungen in allgemein anerkannten Leitlinien, die Pharmako- und Psychotherapie bei weniger schweren Krankheitsbildern als gleichermaßen wirksam angeben, gibt es keine differenzielle Indikation für die jeweiligen Patienten. Es finden sich zunehmend Hinweise darauf, dass die Kombination von Medikation und Psychotherapie vor allem bei schwer und chronisch Depressiven den Monotherapien überlegen ist. Außerdem tritt die Wirkung der Medikation in der Regel früher ein als die einer psychologischen Therapie. Deswegen sollte eine kombinierte Behandlung auch bei Suizidalität besonders berücksichtigt werden. Grundsätzlich sollten Psychotherapeuten eine Pharmakotherapie unterstützen und Vorurteile abbauen (z. B. dass Medikamente abhängig machen oder die Persönlichkeit verändern). Sie dürfen auch betonen, dass sie mit einer

Kombinationsbehandlung sehr positive Erfahrungen (soweit vorhanden!) gemacht haben. Ältere Menschen sind in der Regel aber eher über- als untermediziert, von daher sollten Behandelnde über die Grundlagen der Pharmakotherapie informiert sein, ihren Patienten für ein effektives Management einzelner Symptome aber auch Alternativen zu Medikamenten vorschlagen können (z. B. Ergometer nutzen, um Unruhe zu lindern statt ein sedierendes Medikament einnehmen).

3.1.7 Festlegen des Hauptproblembereichs

Die Beziehungsanalyse ist ein wichtiges Element zur Identifikation von Problembereichen. Durch sie verschaffen sich Therapeuten einen Überblick über die gegenwärtigen, aber auch früheren Beziehungen ihrer Patienten. Meist wird sehr schnell deutlich, ob ein gutes soziales Netz vorhanden ist oder ob dieses durch (multiple) Verluste oder Konflikte als nicht mehr tragend bezeichnet werden muss. Durch die Beziehungsanalyse sollen sich wertvolle Hinweise auf die zentralen interpersonellen Themen älterer Menschen ergeben, insbesondere die mit der aktuellen Episode in einem engen Zusammenhang stehen. Zudem können Therapeuten Hypothesen bilden, welche prädisponierenden und aufrechterhaltenden Faktoren für die Störung relevant sind und welche Aspekte der interpersonellen oder psychosozialen Probleme veränderbar sind. Durch die ausführliche Exploration und Beschäftigung mit den biographischen Besonderheiten, werden Patienten von ihrer Einengung auf depressive und somatische Symptome abgelenkt. Im Sinne der Ressourcenaktivierung lassen sich zudem Stärken und Bewältigungskompetenzen eruieren.

Typische Therapeutenfragen bei älteren depressiven Menschen sind:

- Wer sind oder waren die wichtigsten Personen in Ihrem Leben? Erzählen Sie mir etwas über das Verhältnis zu ihnen. Sorgen sie sich genug um Sie? Wie oft sehen Sie Ihre Bezugspersonen?
- Welche gegenseitigen Erwartungen bestehen an die Beziehungen? Werden diese (noch) erfüllt? Haben sich Ihre Wünsche und Erwartungen mit dem Älterwerden verändert?
- Welches sind positive und negative Seiten Ihrer Beziehungen? Was sollte sich ändern? Dachten Sie daran, dass Sie selbst etwas an sich ändern müssten oder erwarten Sie das von der anderen Person? Hat das Älterwerden einen Einfluss auf Ihr soziales Umfeld?
- Fühlen Sie sich manchmal einsam? Ist Ihr soziales Netz »dünner« geworden. Sind gute Freunde oder Bekannte verstorben und/ oder erkrankt, sodass Sie Ihre Kontakte nicht mehr wie früher pflegen können?

Obwohl sich die Beziehungsanalyse hauptsächlich auf die Anfangsphase konzentriert, kann sie in weniger systematischer Weise während des gesamten weiteren Behandlungsprozesses ergänzt werden. Da bei älteren Menschen von einer Vielzahl vergangener und gegenwärtiger Beziehungen auszugehen ist, empfiehlt sich der Einsatz von Illustrationen oder des sozialen Netz Modells (s. Onlinematerialien, Arbeitsblatt 2).

Die Analyse des *Bindungsstils* (im Sinne Bowlbys) spielt in der IPT-LL eine wichtige Rolle, da unsichere Bindungsstile mit problematischen Bewältigungsstrategien assoziiert sein können. So neigen Menschen mit einem unsicher vermeidenden Bindungsstil zu einer Überhöhung des Autonomiewertes. Sie machen häufig »alles mit sich aus«, vertrauen sich in Krisensituationen niemandem an und setzen in Bezug auf Emotionsregulation mehr auf die Wirkung von Substanzen (und fordern vehement danach). Verständlicherweise tut sich diese Patientengruppe auch schwer mit dem Zulassen schmerzlicher Gefühle. Oft löst schon die Verwendung dieser Begrifflichkeit Aversionen aus. Hier kann Psychoedukation helfen, z. B. in dem Therapeuten mit ihren Patienten herausarbeiten, welche negativen Folgen »Erlebnisvermeidung« (nur kurzfristige Linderung, längerfristig mehr Leid) haben kann. Auch ACT Interventionen, Metaphern oder Allegorien bieten sich hier an (z. B. beim Unterdrücken von Gefühlen verhält es sich ähnlich, als wolle man einen Ball unter Wasser halten).

Bei unsicher-abhängig Gebundenen scheint das Bindungssystem permanent aktiviert, d. h. die Betroffenen müssen sich übertrieben häufig der Zuwendung/Anerkennung von wichtigen Bindungspersonen vergewissern, erscheinen verstrickt und überengagiert, neigen zu dependenter Beziehungsgestaltung. Menschen mit diesem Bindungsmuster beschreiben eine innere Leere, wenn sie mehr mit sich selbst konfrontiert sind (z. B. nach Trennungen, wenn die Kinder aus dem Hause sind oder nach der Berentung). Es lohnt sich von daher, ein Augenmerk auf die Biographie bzw. die Entwicklungsbedingungen zu legen.

> **Fallbeispiel: Herr S., 73 J., rezidivierende Depressionen im Kontext eines Rollenwechsels:**
>
> *»Herr S., sie hatten mir berichtet, dass sie in sehr ›einfachen‹ Verhältnissen groß geworden sind. Ihre Eltern seien sehr religiös und streng gewesen, hätten Sie und ihren Bruder zu Gottesdiensten und Beichten gezwungen. Anpassung und Unterwerfung seien oberste Lebensregeln gewesen, bei Nichteinhaltung habe es vom Vater Prügel und andere Strafen gegeben. Sie schildern ein Familienklima, das von Angst beherrscht wurde. Ihre Mutter habe Sie nicht schützen können, sie haben Sie oft als krank und unzufrieden erlebt. In der Schule seien Sie oft gehänselt worden, auch Lehrer und Pfarrer haben Sie primär als strafend wahrgenommen. Einmal seien Sie mit 8 Jahren von einem Pfarrer (unschuldig) verprügelt worden, dieser habe dann noch ein öffentliches ›Vergelt's Gott‹ von Ihnen verlangt, was Sie bis heute als sehr demütigend in Erinnerung behalten haben. An ihren Bruder haben Sie wenig Erinnerung, Sie hätten eher konkurriert als kooperiert, wenig miteinander gesprochen. Von ihrer Frau fühlen Sie sich oft kritisiert und niedergemacht. Sie glauben, dass sie Sie für einen Versager hält.«*

Das Fallbeispiel verdeutlicht, wie sich ungünstige Bindungserfahrungen in Kindheit und Jugend im späteren Leben auswirken können. Obwohl Herr S. auf eine erfolgreiche Lebensgestaltung (Beruf, Familiengründung) zurückblicken konnte, reagierte er auf Kritik oder ausbleibender Anerkennung durch Bezugspersonen schnell gekränkt bzw. verletzt. Nach der Berentung und einer Krebserkrankung hatte sich diese Tendenz noch verstärkt, Ermahnungen seiner Frau bzgl. seines Gesundheitsverhaltens lösten depressive Abwärtsspiralen bis hin zu suizidalen Gedanken aus. Sei feindselig-unterordnendes Verhalten erschwerten eine adäquate Auseinandersetzung mit der wahrgenommenen Bevormundung.

Bewährt hat sich auch die Erhebung eines sog. Life Chart (s. Onlinematerialien, Arbeitsblatt 1), d. h. eine Zeitleiste, auf der die wichtigsten Lebensereignisse eingetragen werden. Auch wenn ein langer Lebenszeitraum zu berücksichtigen ist, finden sich oft prädisponierende Belastungsfaktoren, wie z. B. eine Trennung oder ein »verunglückter« Übergang in das Rentenalter (▶ Abb. 3.1).

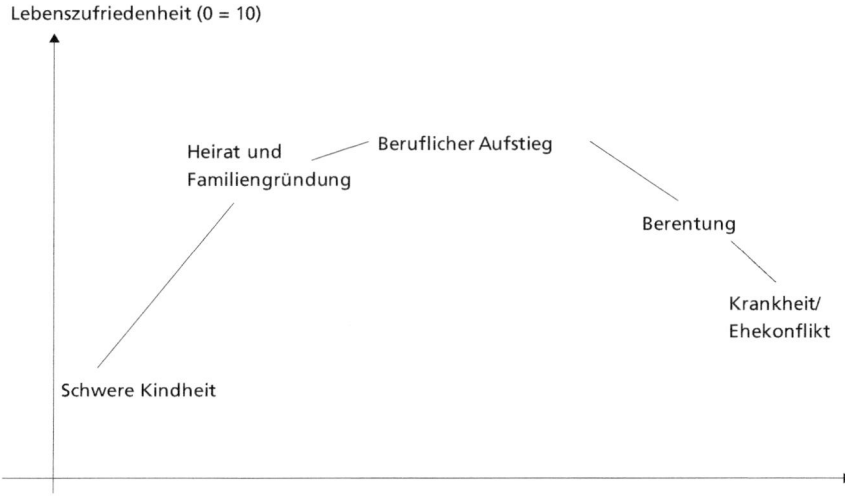

Abb. 3.1: Life-Chart

- »*Ich möchte heute mit Ihnen eine Zeitleiste von Ihrer Kindheit bis heute erstellen. Auf dieser Leiste möchte ich wichtige Lebensereignisse und Veränderungen eintragen, dazu können auch Behandlungen gehören. Fangen wir in der Kindheit und Jugend an, gab es da einschneidende Erlebnisse oder Veränderungen, z. B. Verlust einer Bezugsperson, Probleme im Elternhaus oder in der Schule? In der Nachkriegszeit litten viele Menschen an emotionalen und materiellen Entbehrungen, wie war das in Ihrer Familie? Wie ging es Ihnen zu dieser Zeit? Gab es damals schon depressive Phasen? Oder für spätere Alterskohorten: In den 60–70 Jahren des letzten Jahrhunderts gab es enorme gesellschaftliche Umbrüche, wie haben Sie diese Zeit erlebt? Waren Sie eher angepasst oder gar ›rebellisch‹?«*

- »*Wie ging es danach weiter, in Ausbildung, Beruf, Partnerschaft, Familie? Gab es Entwicklungen oder Ereignisse, die für Sie sehr prägend waren (z. B. Familiengründung, Trennungen oder ein beruflicher Auf- oder Abstieg)?*«
- »*Was war in der zweiten Lebenshälfte sehr bedeutsam für Sie? Wie haben Sie (bei Frauen) die Wechseljahre erlebt? Wie haben Sie die Zeit um Ihre Berentung erlebt? Waren Sie mit Erkrankungen konfrontiert?*«
- »*Wann begannen die Symptome der jetzigen depressiven Episode? Gab es da ein wichtiges Lebensereignis? Könnten Sie das ein wenig näher erläutern?*«

Am Ende der Anfangsphase wird der Problembereich festgelegt, d. h. beide Seiten einigen sich auf ein oder zwei Problembereiche, die am meisten zur gegenwärtigen depressiven Episode beigetragen haben, sowie auf Therapieziele. Diese Vereinbarungen können auch schriftlich festgehalten werden. Eine solche Vereinbarung dient beiden Seiten zur »Überprüfung« der vereinbarten Therapieziele. Dies ist besonders relevant, wenn Betroffene zur sog. »Symptomfixiertheit« neigen, das heißt den therapeutischen Fortschritt durch Festhalten am Symptom erschweren und das inhaltliche Arbeiten am Problembereich vermeiden. Zwar spielen depressive und somatische Beschwerden im Laufe der Behandlung fast immer eine Rolle, sie sollten die späteren Sitzungen aber nicht dominieren.

Festlegen des Problembereichs

Die depressionsassoziierten Problembereiche wurden aus Forschungsdaten abgeleitet (z. B. aus der Epidemiologie oder der Life-Event Forschung). Bei der IPT-LL stehen vier Problembereiche zur Auswahl, bei Depressiven im jüngeren und mittleren Erwachsenenalter wurden die folgenden 4 Problembereiche um einen fünften Fokus, »Arbeitsstress«, erweitert (Schramm 2019). Letzterer dürfte im Alter weniger relevant sein, Boreout- (statt Burnout) Syndrom hingegen häufiger.

- **Interpersonelle Konflikte** (z. B. durch unerfüllte Versorgungswünsche oder einen Dominanzwechsel in der Ehe)
- **Rollenwechsel** durch gravierende Lebensveränderungen (z. B. Krankheit, Berentung)
- **Trauer** (multiple Verluste, Verlust des gesunden Partners bei schweren Erkrankungen)
- **Einsamkeit** durch ein »dünner« werdendes soziales Netz, Ausgrenzung älterer Menschen

Durch folgende Fragen soll die Identifikation des mit der Depression in Beziehung stehenden Problembereichs erleichtert werden:

»*Wie sah Ihr Leben aus, was hat sich verändert, als Sie depressiv wurden? Gab es zu dieser Zeit (oder davor):*

- *Verluste durch Todesfälle oder multiple Verluste?*
- *Gravierende Lebensveränderungen (z. B. Berentung, Erkrankung, Umzug, Trennung etc.?*
- *Zwischenmenschliche Konflikte oder Spannungen mit Angehörigen oder Freunden, Nachbarn?*
- *Länger andauernde Einsamkeit?*
- *Welchen Einfluss hatten diese Ereignisse auf ihre Befindlichkeit?*
- *Als Sie von .... erfahren haben, war das ungefähr zu der Zeit, als Sie anfingen, sich niedergeschlagen zu fühlen?*
- *Was hat sie am meisten belastet?*
- *Was glauben Sie, hat am meisten zu ihrer depressiven Entwicklung beigetragen?«*

»Ich würde mich heute gerne mit Ihnen darüber unterhalten, wie Sie gelebt haben, als es Ihnen noch gut ging. Wie sah Ihr Leben in der Berentung aus, können Sie mir einen ›ganz normalen Tag‹ schildern? Gab es Dinge, die Sie belastet haben? Sie haben mir erzählt, dass Sie Kontakte zu älteren Menschen gemieden haben. Was hat Sie daran gehindert, neue Kontakte zu knüpfen?«

Da die IPT-LL zeitlich begrenzt ist, zielt diese Strategie üblicherweise auf die Auswahl von **ein oder zwei der vier Problembereiche** ab. Die interpersonellen Probleme werden so in ein System gebracht, das verständlich und plausibel ist, sowie mögliche Beeinflussungsmöglichkeiten impliziert. Die einzelnen Belastungsfaktoren werden zusammengefasst und paraphrasiert. Patienten werden aufgefordert einzuschätzen, was sie am meisten belastet (bzw. zur gegenwärtigen depressiven Episode beigetragen) hat und was Gegenstand der weiteren Sitzungen sein soll.

Fallbeispiel: Herr R., 68 J., seit ca. 1½ Jahren schwere depressive Episode nach der Berentung

»Herr R., Sie haben mir berichtet, dass Leistung und Erfolg in Ihrem Leben immer eine sehr große Rolle gespielt haben. Sie kommen, wie Sie es nennen, aus ›einfachsten‹ Verhältnissen und haben es zu einer leitenden Position geschafft. Nach der Berentung wollten Sie das Leben genießen und Zeit für Hobbys und Reisen haben. Auch mit Ihrer Ehefrau, die sehr unter Ihrem Arbeitspensum gelitten hatte, wollten Sie wieder mehr Gemeinsamkeiten entwickeln. Dann wurden Ihre hochbetagten Eltern zu Pflegefällen, um die Sie sich gekümmert haben und Sie selbst mussten sich einer Operation wegen einer Krebserkrankung unterziehen. Sie äußerten, dass Ihnen Ihr Leben entglitten sei, Sie sich mehr und mehr zurückgezogen hätten und wenig von Ihren Plänen für die Rente haben umsetzen können. Letztes Jahr mussten Sie ein Rezidiv Ihrer Krebserkrankung behandeln lassen und sich einer sehr belastenden Strahlentherapie unterziehen.

Sehen Sie Zusammenhänge mit Ihrer Depression? Und was hat nach Ihrer Meinung am meisten dazu beigetragen? Wären Sie einverstanden, dass wir uns die nächsten Wochen Termine vereinbaren, um über diese Themen zu sprechen und überlegen, wie Sie besser damit zurechtkommen können?«

Es kann vorkommen, dass man sich nicht auf einen **Therapiefokus einigen kann**. Hierfür gibt es verschiedene Erklärungsmöglichkeiten, z. B., wenn Betroffene ...

- mit **komplizierter Trauer** befürchten, dass es ihnen in den Gesprächen noch schlechter gehen könnte.
- mit **Ehekonflikten** die Sorge haben, dass ihr Partner es ihnen übelnehmen könnte, wenn sie in der Therapie Intimes preisgeben und dies in einem Paargespräch auf den Tisch kommen könnte. Oder aber, dass es unlauter ist, mit einem Fremden über negative Eigenschaften des Partners zu sprechen.
- **Einsamkeit** als Stigma ansehen und versuchen das wahre Ausmaß ihrer Einsamkeit zu verschleiern.
- **Rollenwechsel** leugnen und sich nicht damit auseinandersetzen wollen (wie z. B. Älterwerden).

Grundsätzlich gilt auch hier, die Betroffenen nicht zu bedrängen, sondern die Vorbehalte ernst zu nehmen und nach Kompromissen zu suchen. Dies kann z. B. der Wechsel auf einen anderen Problembereich sein, der weniger belastend erscheint und dennoch mit dem potenziellen Hauptproblembereich zusammenhängt. So könnte eine Frau, die unter ihrem tyrannischen Ehemann leidet, lernen, sich weniger unterordnend zu verhalten und somit einen Rollenwechsel einleiten. Bei komplizierter Trauer könnte die Arbeit am Problembereich Rollenwechsel (z. B. als Witwe leben) weniger mit Widerstand behaftet sein. Mit zunehmendem Vertrauen in die therapeutische Beziehung ist davon auszugehen, dass Patienten mehr Mut zur Selbstöffnung finden und auch die »wunden Punkte« (z. B. Fremdgehen des Partners, Verlust eines Kindes, früher Missbrauch) ansprechen. Der Problembereich »Rollenwechsel« bietet somit auch »vermeidenden Patienten« die Möglichkeit, sich mit depressionsassoziierten Faktoren auseinanderzusetzen. So kann eine konflikthafte Ehe erst durch die Berentung zum Problem werden oder Einsamkeit durch den Wegfall beruflicher Kontakte und Aufgaben überhaupt erst bewusster werden. Auch der biologische Rollenwechsel »Älterwerden« bietet viel Potenzial, wird jedoch gern verleugnet oder runtergespielt.

Bei der Fokussuche kann eine systematische **Aufstellung aller besonderen lebensgeschichtlichen Vorkommnisse** (sozusagen ein positiver Life-Chart) sehr hilfreich sein. Gerade bei älteren Menschen, die auf eine lange Biografie zurückblicken, bietet dieses Vorgehen wertvolle Hinweise auf Stärken, Bewältigungskompetenzen und Lebensleistungen. Viele Depressive sind sich dieser überhaupt nicht (mehr) bewusst oder fokussieren ausschließlich auf das Negative.

Fallbeispiel: Frau R., 80 J., schwere depressive Episode im Kontext einer Parkinson Erkrankung

»Frau R., Sie haben mir erzählt, dass Sie den Mut hatten, Ihren gewalttätigen und alkoholkranken Ehemann in den 1970er Jahren mit Ihren kleinen Kindern zu verlassen und dass Sie – wie damals nicht unüblich – wegen mutwilligen Verlassens

schuldig geschieden worden sind. Sie haben Ihre Kinder ohne finanzielle Unterstützung Ihres Ex-Mannes großgezogen und haben es trotz aller Entbehrungen und Schwierigkeiten geschafft, dass aus allen etwas geworden ist und Sie bis heute ein sehr positives Verhältnis zu ihnen haben. Können Sie das auch so sehen? Und könnte Ihnen Ihre Stärke und Mut auch heute helfen, mit Ihrer Parkinson Erkrankung und dem Älterwerden besser klar zu kommen?«

Trotz aller therapeutischen Bemühungen kann es sein, dass ältere Menschen darauf bestehen, eine (unentdeckte) körperliche Erkrankung zu haben oder ein Symptom als Hauptursache sehen (z. B. »Wenn mein Stuhlgang normal wäre, wäre mein Leben in Ordnung«).

Wenn diese Einstellung weiterhin bestehen bleibt, kann es nötig sein, weitere Sitzungen erst einmal aufzuschieben, Patienten Wahlfreiheit zu lassen und zu einem späteren Zeitpunkt ein erneutes Angebot zu machen. Der Leidensdruck sollte jedoch nicht ignoriert werden, möglicherweise hilft es über das Symptommanagement »doch noch« einen Zugang zu den zugrundeliegenden Problembereichen zu finden.

Vertieftes Verständnis – Feedback geben

»Herr R. ich kann verstehen, dass Ihre Verdauungsprobleme Sie extrem quälen und Sie diese als Ihr Hauptproblem ansehen. Wenn wir in der Stunde aber vorwiegend über Ihren Stuhlgang sprechen, lerne ich Sie persönlich, Ihre Geschichte, Ihr Leben weniger kennen, auch möchte ich Ihre Depression besser verstehen. Können Sie das nachvollziehen?«

Wenn sich beiden Seiten nach den ersten Sitzungen nicht auf Problembereiche und Behandlungsziele einigen können, ist die Behandlung mit IPT-LL **möglicherweise nicht durchführbar**. Patienten werden ihre Ablehnung entweder indirekt durch Einsilbigkeit, Bagatellisieren (»bei mir ist alles in Ordnung«), Schweigen, versäumte Sitzungen oder aktiv durch einen Therapieabbruch zum Ausdruck bringen. Hier bietet sich eine Beschränkung auf die Anfangsphase an und die Hoffnung, dass die medikamentöse Therapie, die Patienten möglicherweise ohnehin favorisieren, den gewünschten Erfolg bringt. Auch diesem Krankheitsverständnis sollte mit Akzeptanz und Gelassenheit begegnet werden. Aus der Forschung ist bekannt, dass eine negative Erfolgserwartung den Therapieerfolg schmälert und dass auch durch Pharmakotherapie und »Clinical Management« gute Remissionsraten erzielt werden

Therapeutische Ziele und Behandlungsvereinbarung

Es werden **zwei oder drei spezifische Behandlungsziele** festgelegt. Auch wenn die IPT-LL zum Ziel hat, die zwischenmenschlichen Beziehungen zu verbessern, stellt die Linderung der Symptome wie z. B. verbesserter Antrieb oder Schlaf ebenfalls einen wichtigen Bestandteil der Therapie dar. Die angestrebten Zielsetzungen sollten realistisch und erreichbar d. h. unter der Kontrolle der Betroffenen stehen. Allgemeine Zielsetzungen (wie z. B. »ich möchte wieder stabil werden« oder »die Ängste sollen weggehen«) sind zu vermeiden, stattdessen sollten sie möglichst konkret und handlungsorientiert formuliert werden.

Eine Differenzierung nach Akzeptanz-, Veränderungs- oder Klärungszielen hat sich ebenfalls bewährt. Gerade bei Älteren scheinen Akzeptanzziele eine größere Rolle zu spielen und ihre Bedeutung sollte ausführlich besprochen werden. Akzeptanz heißt aber nicht »Gutheißen«, sondern ein Ablassen vom Kampf gegen die Realität.

Fallbeispiel Herr R., 68 J., und Therapieziele:

»Herr R., Sie haben aufgrund Ihrer Ängste es zunehmend vermieden, außer Haus zu gehen und halten sich auch hier weitgehend auf der Station auf. Könnten wir uns auf das Ziel einigen, dass Sie Ihren Aktionsradius erweitern und von hier aus kleine Schritte nach draußen unternehmen? Wie könnte das konkret aussehen? Wollen wir mal auf Ihren Wochenplan schauen, wo noch Lücken sind? Was könnte Ihnen helfen, dieses Ziel zu erreichen?

Sie haben auch den Wunsch geäußert, das Verhältnis zu Ihrer Frau zu verbessern. Was könnte dazu beitragen? Wann und wie könnten Sie das umsetzen? Darf ich Sie im Laufe unserer Therapie an Ihre Ziele erinnern und Sie ermutigen, sie weiter zu verfolgen?

Damit wir die Ziele nicht vergessen, könnten wir eine schriftliche Vereinbarung treffen, was halten Sie davon?«

Für die psychotherapeutische Behandlung von Herrn R. mit Frau D. werden folgende Ziele festgelegt:

Symptombezogene Ziele:

- Regelmäßig an den Mahlzeiten teilnehmen, auch wenn ich keinen Appetit habe oder glaube, mein Körper könne keine Nahrung mehr aufnehmen.
- Mich mindestens 4x am Tag auf das Ergometer setzen, auch wenn ich der Überzeugung bin, dass meine Beine dies nicht mehr aushalten.

Veränderungsziele:

- Die Beziehung zu meiner Frau verbessern, d. h. in ihrer Gegenwart weniger über Symptome klagen, sie nicht mehr mit Eifersuchtsthemen »quälen«, mit ihr regelmäßig positive Aktivitäten durchführen (z. B. in der Stadt spazieren gehen), meine fordernde Art mäßigen.
- Meine Inaktivität überwinden, eine sinnvolle Tagesstruktur aufbauen.

Klärungsziele:

- Wie kann ich mein Rentnerleben mit gesundheitlichen Einschränkungen gestalten. Was ist mir wirklich wichtig und wie kann ich das im Alltag verankern?
- Warum war ich früher so »leistungsfixiert«, was könnte jetzt an diese Stelle treten?

Akzeptanzziele:

- Akzeptieren, dass ich das Rad des Lebens nicht zurückdrehen kann und manche Dinge so gelaufen sind, wie sie sind.

3.2 Einleitung der Mittleren Phase

Die mittleren Sitzungen beginnen, nachdem die Behandlungsziele geklärt sind und die zu bearbeitenden Problembereiche verstanden worden sind. Das therapeutische Vorgehen richtet sich danach, welche Problembereiche ausgewählt wurden. Je nach Art des Problembereiches kommen IPT-spezifische Ziele und Strategien zur Anwendung. Dabei wird älteren Depressiven mehr Freiheit als in der ursprünglichen Form eingeräumt, auch bieten Behandelnde häufiger direkte und praktische Hilfestellung bei der Bewältigung der psychosozialen Probleme an. Es werden i. d. R. ein bis maximal zwei Problembereiche bearbeitet. Therapeuten haben dabei folgende **Aufgaben**:

- Bearbeitung der zwischenmenschlichen Probleme, die mit der Depression in einem Zusammenhang stehen,
- Auf die emotionalen Reaktionen (auch die nonverbalen!) und die Güte der therapeutischen Beziehung achten, Selbstöffnung zu fördern.
- Abbau von Blockaden und therapieerschwerenden Verhalten (z. B. anhaltende Konzentration auf depressive Symptome, Feindseligkeit)
- Schrittweise Rücknahme der Krankenrolle (unbedingt einhalten, da im stationären Setting die Gefahr von Regression bzw. Verharren in der Krankenrolle besteht)

Die impliziten Botschaften sind:

- »Sie sind für die Veränderungen selbst verantwortlich, bekommen aber meine maximale Unterstützung.«
- »Sie müssen die erarbeiteten Lösungen selbst erproben, ich traue Ihnen das zu«.
- »Es wird sich etwas ändern.«

Das Vorgehen innerhalb der Problembereiche ist durch verschiedene Strategien definiert. Sie weisen jedoch am Beginn gewisse Ähnlichkeiten auf. So wird zunächst der Problembereich allgemein exploriert, um dann auf die Erwartungen und Wahrnehmungen des Patienten zu fokussieren. Oft werden hier Problemfelder wie z. B. gestörte Kommunikation oder unrealistische Erwartungen deutlich, auf welche dann die Aufmerksamkeit gezielt gerichtet werden kann. Manchmal resultieren zwischenmenschliche Schwierigkeiten nicht aus Fehlverhalten der Beteiligten, sondern einfach aus widersprüchlichen Forderungen oder Erwartungen aneinander. Auch die »bedrückenden Lebenslandschaften des Alters« können per se zur Entwicklung von Problembereichen beigetragen haben, z. B., wenn durch den plötzlichen Verlust von Partnern oder Angehörigen, die Hinterbliebenen vor immense Herausforderungen gestellt werden. Betroffene können sich entscheiden, ob sie etwas verändern möchten oder ihre Toleranz für eine aversive Situation erhöhen müssen. In beiden Alternativen werden sie psychotherapeutisch »engmaschig« unterstützt. Wie das konkret aussieht wird in den folgenden Kapiteln erläutert.

3.2.1 Arbeit am Problembereich: Rollenwechsel

Rollenwechsel und -übergänge bzw. Veränderungen der sozialen Rollen haben im Alter nicht unbedingt eine positive Konnotation. So sind Erkrankungen, der Verlust von nahen Angehörigen oder Einschränkungen in der Mobilität mit erheblichem Leid verbunden, was den vielzitierten Slogan »Älterwerden ist nichts für Feiglinge« so populär gemacht hat. Aber auch positiv antizipierte Rollenwechsel, wie das Rentenalter, welches von vielen Menschen herbeigesehnt wird, um endlich mehr Freiheit und Freizeit zu haben, können sich als problematisch erweisen. So werden die Folgen der Berentung (z. B. Verlust der gewohnten Tagesstruktur und sozialen Kontakte, nicht mehr Gebrauchtwerden etc.) oft unterschätzt und aus dem Traum kann leicht ein Alptraum werden, wenn Leere und Unausgefülltheit (sog. Boreout-Syndrom) den Alltag bestimmen. Die Corona-Pandemie hat aufgezeigt, wie belastend sich für viele Menschen der Wegfall bzw. die Reduzierung der gewohnten sozialen Routinen auswirken kann.

Auch für Menschen, die sich nach der Berentung eine Art Neuanfang oder »Wiederbelebung« ihrer Partnerschaft erhofft hatten und stattdessen mit inaktiven, häuslich gewordenen Partnern konfrontiert werden (oft klagen Frauen über diese Entwicklung), kann diese Lebensphase sehr problematisch werden und die Entwicklung einer depressiven Krise begünstigen. Die Corona-Pandemie hat vielen Menschen schmerzlich bewusstgemacht, wie einschneidend die Veränderungen in den sozialen Beziehungen sein können. Hier ist an Entfremdungsprozesse in engen und »lockeren« Bindungen zu denken, an den Verlust von Körperkontakten und Begrüßungsritualen aber auch an zu große Nähe (und Genervtheit) in familiären Systemen.

Großelternschaft wird in der Regel als positiv antizipiert bzw. bewertet, kann sich aber zu einer belastenden Rolle entwickeln, wenn die Betroffenen zu intensiv (zeitlich und emotional) in die Betreuung der Kinder einbezogen werden, eigene Zielsetzungen dadurch vernachlässigt oder nur mit einem schlechten Gewissen verfolgt werden können. Die Übergänge zwischen Engagement und Belastung sind dabei fließend, diese Tendenz zeigt sich auch bei der Betreuung eines zunehmend pflegebedürftigen Partners oder betagter Eltern. Was als selbstverständliche Aufgabe übernommen wird (»es ist doch meine Mutter«), entpuppt sich als extreme Belastung, insbesondere, wenn die Betreuenden selber schon im fortgeschrittenen Alter sind.

Rollenwechsel im Alter können abrupt und »offensichtlich« eintreten, z. B. bei einem Zustand nach schwerem Schlaganfall, wenn die Einschränkungen auch nach außen sichtbar/wahrnehmbar sind und den Betroffenen hohe Anpassungsleistungen abverlangen. Subtile Rollenwechsel, wie z. B. der Umzug in eine Seniorenwohnanlage oder in einen anderen Stadtteil/Wohnort, werden in ihren Auswirkungen oft unterschätzt. Dabei geht mit einem Umzug der Verlust des vertrauten sozialen Umfeldes einher. Aus der Forschung ist bekannt, dass »räumliche Nähe« bei Beziehungen eine große Rolle spielt. Dies erscheint schon angesichts der im Alter zunehmenden Mobilitätsprobleme sehr plausibel.

Älterwerden als biologischer Rollenwechsel impliziert den Übergang in einen neuen Lebenszyklus (gehört zu den sog. normativen Wechseln). Hier macht es einen großen Unterschied, ob die »Belle Epoque des Alters« oder das Zeitalter mit Trauerflor (nach Baltes und Baltes 1996) gemeint ist. Diese sehr heterogenen Altersgruppen (mit einer Altersspanne von bis zu 40 Jahren!) werden in den Abhandlungen zur Psychotherapie »im Alter« leider oft zusammengefasst, obwohl sie sehr unterschiedliche Lebensbedingungen haben.

Nicht nur die objektiven Veränderungen spielen bei diesem Problembereich eine große Rolle, sondern auch die subjektiven Bewertungen und Einstellungen der Menschen. Alter gilt als »unsexy« und wird nicht nur in der Gesellschaft, sondern von den Betroffenen selbst negativ beurteilt. Dies kann zu einer fast zwanghaften Weigerung führen, das Älterwerden mit seinen Implikationen wahrzunehmen (»Forever Young Phänomen«), sich dieser Population erst gar nicht zugehörig zu fühlen und diese sogar abzuwerten.

Die kurze Einführung in den Problembereich Rollenwechsel weist darauf hin, wie komplex die Thematik ist und dass sich psychotherpeutisch Tätige genügend Zeit lassen sollten, um die allgemeinen und die individuellen Aspekte des Rollenwechsels wirklich erfassen zu können. Dabei sollten eigene Werte, Altersbilder, Vorurteile und Klischees immer wieder kritisch hinterfragt werden. So wird ein Umzug in eine betreute Wohnanlage von Jüngeren häufig als positiv bewertet, da dort wesentlich mehr Kontaktmöglichkeiten vermutet werden. Der Alltag in diesen Einrichtungen sieht allerdings oft ganz anders aus. Diese Beobachtung hat sicherlich zur Neukonzeption von Wohnen im Alter geführt (z. B. Mehrgenerationenhäuser, Alten-WGs, Wohnanlagen mit Concierge Angebot etc.)

In der IPT-LL wird der Rollenwechsel thematisiert, wenn er maßgeblich zur depressiven Entwicklung beigetragen hat. Zumeist handelt es sich um tiefgreifende Veränderungen in der Lebenssituation, die unzureichend bewältigt werden und mit einer Minderung des Selbstwertgefühls verbunden sind. Als depressionsfördernd gilt, wenn die neue Rolle...

- unfreiwillig angenommen werden muss (z. B. in einem Pflegeheim leben müssen, Verlassen werden)
- plötzlich und unerwartet eintritt,
- Kompetenzen erfordert, die die Betroffenen nur unzureichend besitzen (z. B. nach einer Trennung allein den Alltag meistern müssen)
- als Bedrohung des Selbstwert- und Identitätsgefühls erlebt wird (z. B. sich nach einem Schlaganfall als »Krüppel« wahrnehmen)
- die soziale/gesellschaftliche Teilhabe sehr einschränkt

Beim Rollenwechsel besteht ein wichtiges Therapieziel in der Akzeptanz des Verlusts der alten Rolle und im Herstellen einer (etwas) positiveren Einstellung zur neuen Rolle. Dieses Ziel soll durch das »Durcharbeiten« folgender Themen/Strategien erreicht werden:

- Positive und negative Aspekte alter und neuer Rollen besprechen
- Ermutigung zum angemessenen Ausdruck von Gefühlen
- Möglichkeiten innerhalb der neuen Rolle abklären
- Ermutigung zum Aufbau eines sozialen Stützsystems und neuer Fertigkeiten, welche die neue Rolle erfordert

Fallbeispiel: Frau G., 83 J., depressive Entwicklung nach multiplen Rollenwechsel – ein ambulanter Fall

Frau G. fühlt sich seit dem Umzug in eine Betreute Wohnanlage vor einem Jahr zunehmend deprimiert und »will nicht mehr«. Ihr demenzerkrankter Ehemann weiche nicht von ihrer Seite. Durch ihre Gehbehinderung fühle sie sich beeinträchtigt, sie vermisse ihr altes Haus und ihr Umfeld. Die erwachsenen Kinder kümmerten sich zwar »rührend«, hätten aber Probleme mit dem Älterwerden der Eltern. Als belastend erlebe sie die Erinnerung an alte Kränkungen (Fremdgehen des Mannes vor 40 Jahren) und den Verlust der Attraktivität. Das Benutzen eines Rollators erlebe sie als Zumutung.

Positive und negative Aspekte alter und neuer Rollen besprechen

Diese Aufgabe hat Ähnlichkeit mit der Förderung eines Trauerprozesses, sie ermöglicht eine aufgegebene Rolle zu relativieren, zu betrauern und »loszulassen«. Die aufgegebenen Tätigkeiten und Beziehungen werden dabei genau analysiert, zunächst allgemein, dann auf der »Mikroebene«. Oft neigen Betroffene mit Schwierigkeiten bei der Bewältigung von Rollenwechseln dazu, die Vorteile der alten Rolle zu idealisieren, die negativen Aspekte zu bagatellisieren und die neue gänzlich abzulehnen. Die Gegenüberstellung positiver und negativer Aspekte alter und neuer Rollen soll eine differenzierte und balancierte Sicht ermöglichen, insbesondere auch Möglichkeiten und Chancen in der neuen Rolle. Hierzu bietet sich die Verwendung einer Vierfeldertafel an (s. Onlinematerialien, Arbeitsblatt 3).

»Frau G., ich möchte heute mit Ihnen darüber sprechen, wie sich Ihr Leben verändert hat, seit Sie in ein betreutes Wohnen gezogen sind. Sie haben mir erzählt, dass Sie in einem schönen Haus in einem guten Wohnviertel mit Ihrem Mann gelebt haben. Wie sah das Zusammenleben aus? Womit haben Sie Ihre Tage verbracht, was war positiv, was war schwierig? Wie waren Sie in Ihrem Stadtteil verankert? Wie sah es mit Ihrer Mobilität aus? Was hat Sie veranlasst, Ihr Haus aufzugeben? Wie hat sich das Zusammenleben in dem kleinen Apartment des Betreuten Wohnens entwickelt? Wie sieht dort ein normaler Tag aus? Was ist von Ihrem ›alten Leben‹ geblieben? Was empfinden Sie als positiv, entlastend, was als negativ? Haben sich Ihre Erwartungen erfüllt?«

Ermutigung zum angemessenen Ausdruck von Gefühlen

Selbst wenn eine Veränderung erwünscht und angestrebt ist, kann es als großer Verlust erlebt werden, die alte Rolle aufzugeben. In dieser haben Betroffene vielleicht über viele Jahre oder Jahrzehnte Sicherheit, Bindung, Bestätigung, »Aufgehobensein« und Zugehörigkeit erfahren. Diese gelten als bedeutsame Prädiktoren für psychische Gesundheit und das Selbstwertgefühl. Von daher ist es sehr wichtig, Gefühle zu explorieren, die zusammen mit dem Wechsel aufgetreten sind wie z. B. Trauer, Schuldgefühle oder Ärger und Enttäuschung. Sie könnten vielleicht dadurch entstanden sein, dass man den eigenen Ansprüchen nicht gerecht wird oder das Ausmaß der Entfremdung in der neuen Rolle zu groß ist.

»Frau G., was war das für ein Gefühl, Ihr Haus nach so vielen Jahren verlassen zu müssen? Was empfinden Sie jetzt, wenn wir darüber sprechen? Wie geht es Ihnen, wenn Sie an Ihrem Haus vorbeikommen? Ist da nur Traurigkeit oder auch ein anderes Gefühl? Wie sind Sie mit der neuen Situation klargekommen? Wie ging es Ihnen am Anfang? Waren Sie sehr enttäuscht, dass die Betreuung in der Wohnanlage nicht ganz Ihren Vorstellungen entsprach?«

Möglichkeiten und Chancen innerhalb der neuen Rolle abklären

»Frau G., wie haben Sie sich in der neuen Situation eingelebt, was wird dort von Ihnen erwartet. Wie schwer oder leicht fällt es Ihnen, in so einer Einrichtung zu leben? Haben Sie mehr Unterstützung bei der Betreuung Ihres Mannes? Gibt es dort auch ein Freizeitprogramm, nehmen Sie daran teil? Hat sich Ihre Mobilität verbessert, haben Sie dort mehr Unterstützung?«

Zum Aufbau neuer Fertigkeiten und eines sozialen Stützsystems, welche die neue Rolle erfordert, ermutigen

Die meisten bedeutsamen Rollenwechsel erfordern, dass man sich neue Fertigkeiten aneignet. Dies kann mit Widerstand oder inneren Barrieren verbunden sein. Ein Ziel ist es daher, die inneren und äußeren Barrieren zu identifizieren, die ältere Menschen daran hindern, die Situation besser zu bewältigen. Dabei sollen die bereits vorhandenen Kompetenzen und Fertigkeiten realistisch eingeschätzt werden: Neigen Patienten zu einer Unter- oder Überschätzung ihrer Möglichkeiten? Neigen sie zu einer Delegation von Verantwortung an Dritte? Herrschen dysfunktionale Annahmen und negative Altersbilder vor (»z. B. dafür bin ich zu alt«)? Sind ausgeprägte negative Emotionen, wie z. B. Ängste oder Schuldgefühle im Weg? Eine neue Rolle zu übernehmen bedeutet oftmals, ein neues soziales Unterstützungssystem aufzubauen und neue Arten von Beziehungen herzustellen. Dieses wird von Älteren zwar oft gewünscht, mit der praktischen Umsetzung sieht es aber oft schwierig aus. Hier ist eine permanente therapeutische »Ermutigung« unabdingbar. Jeder kleinste Schritt in Richtung Aufbau und Intensivierung sozialer Kontakte sollte begleitet und verstärkt werden.

Komplizierter Rollenwechsel: Krankheit/Multimorbidität

Es gibt Lebensveränderungen, die sehr drastisch erscheinen und Behandelnden ein hohes Maß an innerer Stärke und Resilienz abverlangen, um auch diesen Menschen die Hoffnung zu vermitteln, dass sich an ihrer schwierigen Lebenssituation etwas ändern kann. Die Akzeptanz eines als »untragbar« erlebten Zustands spielt dabei eine große Rolle. Erst durch das Annehmen wird eine Problembewältigung überhaupt möglich. Therapeuten sollten sich also hüten, zu schnell auf die Bewältigungsebene zu wechseln, wenn die Akzeptanz noch gar nicht stattgefunden hat oder nicht wirklich authentisch erscheint (z. B., wenn Patienten mit einem genervten »ja ich weiß, ich muss das akzeptieren« reagieren.) Die Auseinandersetzung mit existenziellen Themen in der Psychotherapie ist hierbei sehr hilfreich. Das gleichnamige Buch von Noyon und Heidenreich (2012) bietet eine Themenauswahl, die zum Standard eines Alterspsychotherapeuten gehören sollte, auch wenn dieses Manual gar nicht explizit für Ältere konzipiert ist. Die Manuale von Baumann und Linden »Weisheitskompetenzen und Weisheitstherapie (2010) oder der bereits erwähnte »Lebensrückblick in Therapie und Beratung« von Maercker und Forstmeier (2013) bieten ebenfalls wertvolle Anregungen für den Umgang mit Leid und sog. Schicksalsschlägen. Die genannte Literatur weist darauf hin, dass bei einzelnen Fällen auch die Integration anderer Therapiemodule Sinn ergibt bzw. auch erlaubt ist. An den im IPT-LL Manual vorgegebenen Strategien wird jedoch festgehalten.

Fallbeispiel: Herr K., 68 J., schwere depressive Episode nach einem Schlaganfall – ein ambulanter Fall

Der 68-jährige Selbständige berichtet, dass er seit seinem Schlaganfall und den daraus resultierenden Folgen (nicht mehr arbeiten können, gesundheitliche Einschränkungen) unter starken Depressionen leide. Er erlebe sein Leben als sinnlos, sei »innerlich verödet«, fühle sich seiner Beziehung nicht mehr wertgeschätzt und als Ballast. Trotz Pharmakotherapie sehe er keine Besserung. Er könne sich mit seinem »tiefen Fall« einfach nicht abfinden. Früher sei er ein »Großkotz« gewesen, mit viel Geld, Tennisfreunden und schnellen Autos. Heute dürfe er nicht einmal mehr Auto und Fahrrad fahren. Auch mit seiner Partnerin habe sich aus einer sehr leidenschaftlichen Beziehung eine Konfliktpartnerschaft entwickelt. Er sei für sie nur noch eine Last, sie meckere ständig an ihm herum. Die Tagesstruktur sei vollkommen zerfallen. Es habe Zeiten gegeben, da habe er jeden Tag an Suizid gedacht, die Verantwortung für seine beiden erwachsenen Kinder aus erster Ehe hielte ihn jedoch davon ab.

»Herr K., ich verstehe, dass Sie einen ›tiefen Fall‹ erlebt haben und unter diesem extrem leiden; ich bin beeindruckt, wie offen und nahezu schonungslos Sie mir Ihre Situation schildern. Dafür bin ich Ihnen sehr dankbar, auch, dass Sie die Kraft finden, weiter in meine Praxis zu kommen. Das macht mir etwas Mut und ich würde gern mit Ihnen gemeinsam überlegen, was Sie tun können, um Ihre Situation ein wenig zu verbessern. Sie haben mir erzählt, dass Ihnen Ihre Kinder sehr am Herzen liegen. Wie oft sehen Sie sie und wie hat sich der Kontakt entwickelt? Sie erwähnten auch, dass Ihre Ex-Frau sich wieder etwas mehr um Sie kümmert? Können wir uns das einmal genauer anschauen?«

Bei Herrn K. zeigte sich, dass sein Wertesystem komplett aus den Fugen geraten war. Er sehnte sich nach seinem alten Leben zurück (das er durchaus nicht unkritisch sah), konnte der neuen Rolle nachvollziehbar nichts Positives abgewinnen. Hier bietet sich Wertearbeit an, d. h. gemeinsam mit dem Patienten herauszufinden, welche Werte in der gegenwärtigen Lebenssituation weiter Bestand haben und wie sie im Alltag verankert sind. Folgender Fragenkatalog (Schramm und Thiel 2008) soll helfen, zentrale Werte zu identifizieren und therapeutisch nutzbar zu machen.

- Was haben Sie als Kind am allerliebsten gespielt?
- Nennen Sie spontan einen tief erfüllenden Moment?
- Die beste Zeit in Ihrem Leben: welche Werte waren in dieser Zeit für Sie erfüllt?
- Was bringt Sie auf die Palme?
- Was würde ein guter Freund sagen, wofür/für welche Werte Sie stehen?
- Womit verbringen Sie freiwillig viel Zeit?
- Welche Regeln und Werte verfolgen Sie bei einem inneren Dilemma? Was half Ihnen bisher bei der Lösung von Problemen?

Weitere Anregungen finden sich in den ACT Therapietools von Wengenroth (2017)

Herr K. betonte, dass nicht nur Leistung und Geld wichtige Werte gewesen seien, sondern betrachtete das Zusammenleben mit seiner ersten Ehefrau und den Kindern als die beste Zeit seines Lebens. Allerdings seien die Beziehungen mittlerweile etwas distanziert geworden. Er wolle ihnen nicht zur Last fallen und hoffe, dass er sich mit seiner jetzigen Lebensgefährtin arrangieren könnte.

In beiden (ambulanten) Fallbeispielen wird deutlich, dass es bei der Bearbeitung eines Rollenwechsels im Alter nicht mit ein paar Strategien getan ist, sondern dass es sehr viel Geduld und Akzeptanz auf beiden Seiten braucht, um zum Annehmen und der Bewältigung einer schwierigen Lebenssituation gelangen zu können. Während es Frau G. gelang, ihrer neuen Wohnsituation auch etwas Positives abzugewinnen, persistierten bei Herrn K. Unzufriedenheit und Kränkungserleben. Die in Folge des Schlaganfalls aufgetretenen kognitiven Störungen, insbesondere des problemlösenden und planerischen Denkens sowie sein anhaltender Alkoholkonsum dürften die Bewältigungsmöglichkeiten erheblich eingeschränkt haben. Auch diese Faktoren sind bei der Bearbeitung von Problembereichen zur berücksichtigen.

3.2.2 Arbeit am Problembereich: Einsamkeit und Isolation

Leiden ältere Depressive unter Einsamkeit und Isolation, werden zunächst die Ursachen dieses Problems exploriert, um den Kontext zu verstehen (z. B. Persönlichkeitsauffälligkeiten, ein dünner werdendes soziales Netz). Erst dann wird ein Handlungsplan entwickelt, der es ermöglichen soll, neue Beziehungen aufzunehmen. Im Gegensatz zu jüngeren Menschen wird bei Älteren Einsamkeit auch als ein realistisches Altersproblem und nicht primär als interpersonelles Defizit betrachtet. Multiple Verluste, eingeschränkte Mobilität sowie generationstypische Werte- und Motivationssysteme spielen hierbei eine wichtige Rolle. Gescheiterte Beziehungen oder frühere zwischenmenschliche Enttäuschungen, Schwierigkeiten in der Herkunftsfamilie sind ebenfalls zu berücksichtigen. Die Analyse des Bindungsstils in der Anfangsphase hat möglicherweise schon Hinweise darauf gegeben. Oft sind dysfunktionale Muster erkennbar (z. B. Vermeidung von tragenden Beziehungen aus Angst vor Verlassen werden) und könnten im therapeutischen Setting bewusster und einer Veränderung zugänglicher gemacht werden. Der therapeutischen Beziehung als »Modell« wird dabei eine besondere Bedeutung beigemessen.

Einsamkeit (und Ausgrenzung) ist ein Top Thema im Alter, wobei natürlich auch jüngere Menschen betroffen sein können.

In vielen Studien zeigen sich Zusammenhänge mit (erhöhter) Mortalität, psychischen und kardiovaskulären Erkrankungen (Übersicht bei Leigh-Hunt 2017). Dass sich die IPT-LL diesem Thema mit einem eigenen Problembereich widmet, ist ein besonderer Vorteil. Die Bedeutung von engen Bindungen und guten sozialen Kontakten für die psychische und physische Gesundheit wird damit unterstrichen. Ein gutes und funktionierendes soziales Netz ist nötig, um sich »erfolgreich« an die jeweiligen sozialen Umstände anzupassen. Dies können im Alter, insbesondere im höheren Lebensalter (dem sog. vierten Lebensalter), auch sehr bedrückende Lebensthemen sein.

Bei Einsamkeit und Isolation besteht das Behandlungsziel darin, die soziale Isolation zu vermindern und einen Umgang mit diesem »realistischen Altersproblem« zu finden. Das in der Therapie Besprochene und »Gelernte« sollte auf Alltagssituationen übertragen werden. Hierbei ist der Einsatz von Kommunikationsanalysen und Rollenspielen zu empfehlen, auch wenn sich Patienten mit diesen Techniken vielleicht etwas schwertun. Hier sollte die Botschaft vermittelt werden, dass Kontaktversuche im sicheren Therapieraum »gefahrenlos« erprobt und mögliche »Stolpersteine« entdeckt und korrigiert werden können. Mithilfe des Shapings (Begriff aus der Verhaltensbiologie) können Situationen beliebig oft im Rollenspiel durchgespielt bzw. geübt werden, bis die Interaktion »passt«. Jede kleinste Veränderung in Richtung erwünschtes Verhalten wird bei dieser Technik (lobend) verstärkt.

Fallbeispiel: Frau K., 84 J., Dysthymie seit dem Tod ihres Mannes – ein ambulanter Fall

Frau K. ist eine attraktive Witwe, die sich seit dem Tod ihres Mannes vor vielen Jahren einsam fühlt, obwohl sie guten Kontakt zu ihren Kindern und Enkeln habe, regelmäßig ihren Chor und eine Gymnastikgruppe besuche. In den Ferien und den Wochenenden sei es besonders schlimm, oft falle sie in ein »tiefes Loch«. In ihrer Wohnung halte sie es dann kaum noch aus, zumal die neuen Nachbarn sich zum wahren Alptraum entwickelt hätten. Nachdem sie diese auf die Einhaltung von Hausregeln hingewiesen hätte, sei sie fast täglich Schikanen ausgesetzt wie z. B. Einfahrt zuparken, Mülltonnen verstellen etc. In ihrer Kindheit sei sie durch Kriegerlebnisse und einen brutalen Vater traumatisiert worden. Sie habe nur Angst gekannt. In ihrer Ehe und mit den beiden Kindern sei sie sehr glücklich gewesen. Das Witwendasein sei schwierig; sie fühle sich insbesondere von befreundeten Ehepaaren ausgegrenzt, ihre Kinder sähen in ihr weiterhin die autonome, kompetente Mutter. Durch die Corona-Krise sei alles noch schlimmer geworden, die Zerstreuungsmöglichkeiten seien arg reduziert, sie könne nicht einmal, wie gewohnt, ihren Kaffee in einem Stehcafé trinken. Dort hätten sich immer Gespräche mit anderen ergeben, man kenne sich. (Diese Aussage unterstreicht auch die Bedeutung sogenannter »schwacher Bindungen im Alltag«).
Es werden folgende Strategien vorgegeben:

Das Beziehungsnetz erkunden (Besonderheiten, Veränderungen durch das Älterwerden, negative und positive Erfahrungen)

»Frau K., ich würde heute gern mit Ihnen besprechen, wie es um Ihr soziales Netz bestellt ist, insbesondere, wie es sich in den letzten Jahren verändert hat. Sie haben mir erzählt, dass zu Lebzeiten Ihres Mannes die Familie, d. h. Ihre mittlerweile erwachsenen Kinder und Enkel, immer im Mittelpunkt gestanden hätten. Sehe ich das richtig? Gab es denn eine engere Freundin oder sonst einen Vertrauten außer Ihren Kindern? Wie hat sich Ihr soziales Netz nach dem Tod ihres Mannes, dem Älterwerden der Enkel und dem Einzug von den neuen Nachbarn verändert? Was ist aus den Kontakten zu den befreundeten Paaren geworden?«

Ursachen der sozialen Isolation besprechen

Da die Ursachen von Einsamkeit sehr komplex sein können (z. B. durch multiple Verluste, mangelnde Mobilität, negative Einstellungen, Angst vor Enttäuschungen und erneutem Verlust, mangelnde interpersonelle Kompetenzen oder fehlende Gelegenheiten), braucht es Zeit und Geduld, um die »wahren Gründe« wirklich zu verstehen.

»Frau K., ich erlebe Sie als eine sehr differenzierte, kompetente und äußerst sympathische Frau und ich frage mich, warum Sie dennoch relativ viel allein sind oder wie Sie es geschildert haben, von Ihren befreundeten Ehepaaren ausgegrenzt werden? Sie haben erzählt, dass Sie von den männlichen Ehepartnern als interessante Gesprächspartnerin geschätzt werden, könnte dies eine Rolle spielen und fallen Ihnen dazu Situationen ein? Welche Rolle spielen Ihre ganz frühen Beziehungserfahrungen? Wie wichtig ist es Ihnen bis heute, sich vor anderen Menschen zu ›schützen‹? Sie haben mir erzählt, dass Sie relativ selten jemanden in Ihre Wohnung einladen, gibt es dafür einen besonderen Grund?«

Bedeutung für depressive Symptomatik hervorheben

»Wie Sie es selbst schon formuliert haben, wenn Sie ›unter Leuten‹ sind, geht es Ihnen besser, aber leider haben sich Ihr soziales Netz und Ihr Umfeld in den letzten Jahren sehr zum Nachteil verändert. Von Ihren neuen Nachbarn fühlen Sie sich regelrecht bedroht, sodass Sie sich gezwungen sehen, aus Ihrer Wohnung zu ›fliehen‹. Ihre Kinder sehen zwar Ihre Not, fühlen sich durch das Thema aber auch belastet, zumal sie meinen, dass man rechtlich nichts dagegen tun kann. Diese Faktoren haben sicherlich mit Ihrer depressiven Symptomatik zu tun und ich würde mit Ihnen die nächsten Sitzungen besprechen, wie Sie an Ihrer Einsamkeit und dem Gefühl des ›im Stich gelassen werden‹ etwas ändern können.«

Fertigkeiten und/oder Einstellungen entwickeln, um Kontakte aufzubauen bzw. das soziale Stützsystems zu verbessern. Dabei in »kleinen Schritten« vorgehen!

»Frau K., wir hatten ja überlegt, ob Sie Ihre soziale Unterstützung verbessern könnten, indem Sie nicht nur Ihre ›starke‹ Seite zeigen, sondern auch der bedürftige Teil mal ›zu Wort‹ kommen sollte. Wie könnte das konkret aussehen? Sie gehen ja gern in Cafés, wo andere, z. T. auch fremde Menschen Ihnen schon relativ viel Persönliches erzählt haben. Könnten Sie sich vorstellen beim nächsten Besuch auch etwas von sich mitzuteilen (z. B. dass Sie schreckliche Nachbarn im Haus haben)?

Mir ist aufgefallen, dass Sie nie verreisen. Auch wenn Sie mit Ihrem Mann schon ›fast alles‹ gesehen haben und Ihre Reiselust im Alter nicht mehr so hoch ist, was spricht gegen eine Kurzreise oder eine Gruppenreise, wo man in der Regel ja auch mit anderen Menschen in Kontakt kommt? Haben Sie schon Erfahrungen damit gemacht?

Viele ältere Menschen nutzen als ›Silver Surfer‹ das Internet, wie ist das bei Ihnen, schon mal probiert? Ich kenne viele Menschen, die auf diesem Wege neue Bekanntschaften geschlossen haben, manche sogar eine ›Liebe im Alter‹. Über dieses Thema haben wir bisher ja relativ wenig gesprochen. Hatten Sie schon mal daran gedacht, sich nochmal zu binden?«

Liebe und Partnerschaft im Alter werden im (stationären) therapeutischen Setting oft vernachlässigt, da man fälschlicherweise davon ausgeht, dass das im höheren Lebensalter keine so große Rolle mehr spielt bzw. man mit Angehörigen oder Freunden und Bekannten interpersonell ja gut versorgt sei. Das Gefühl für einen Menschen besonders wichtig zu sein und mit diesem Menschen den Alltag (aber nicht unbedingt den gleichen Wohnraum) zu teilen, sich sexuell nahe zu sein, ist für viele Menschen extrem wichtig, warum sollte das für Ältere nicht mehr gelten?

Die gesellschaftlichen Entwicklungen der letzten Jahre und insbesondere das Aufkommen neuer Alterskohorten (Babyboomer!) in den Bereichen der Gerontopsychiatrie und- psychotherapie sorgen schon seit längerem für einen Paradigmenwechsel. Zahlreiche Publikationen wie z.B »Liebe auf den späten Blick« – Partnersuche 60+ von Huntemann und Joschko (2014) weisen darauf hin, dass Ältere wesentlich selbstbewusster als frühere Generationen ihre (zwischenmenschlichen) Bedürfnisse wahrnehmen und umsetzen. Möglicherweise tut sich diese weniger angepasste Generation aber auch schwerer, ihre Ansprüche an Liebe, Sexualität und Partnerschaft den Gegebenheiten des Alters anzupassen.

Einsamkeit und sozialer Rückzug bei gesundheitlichen Einschränkungen

Die Überwindung von Einsamkeit und Isolation stellt eine therapeutische Herausforderung dar, insbesondere dann, wenn die Isolation schon sehr lange anhält oder durch körperliche Erkrankungen oder Mobilitätsprobleme gefördert wird. Eine aktive Unterstützung durch andere Berufsgruppen (Sozialdienst, Pflege) oder professionelle Stützsysteme (Sozialstation, Nachbarschaftshilfe) ist unerlässlich. Diese könnten beim Aufbau sozialer Kontakte wertvolle »Starthilfe« geben, z. B. durch den gemeinsamen Besuch einer Begegnungsstätte, Fortbildungseinrichtung, Fitnessstudios etc. Dieses Vorgehen ermöglicht den Abbau von Vorurteilen (»da sind doch nur alte/junge Frauen«) und eine gezieltere Auswahl der zur Verfügung stehenden Angebote. Auch ein stationärer Klinikaufenthalt kann durchaus ein Modell für ein gelungenes Miteinander bzw. die »Kraft von Beziehungen« sein. Oft entwickeln Patienten einen Gemeinschaftssinn, unterstützen sich gegenseitig, schauen gemeinsam Fernsehen, freunden sich mit Zimmernachbarn an. Nicht wenige Patienten zögern eine Entlassung heraus, da sie befürchten, wieder der gewohnten Einsamkeit daheim ausgesetzt zu sein. Dies gilt besonders für Patienten, die in Pflegeeinrichtungen oder sehr isoliert leben. Die Inanspruchnahme eines ambulanten Pflegedienstes ist für diese Patientengruppe besonders bedeutsam, wird aus (vermeintlichen) Kostengründen oder negativen

Annahmen oder Erfahrungen aber oft abgelehnt. Dass Pflegende wenig Zeit haben, zeitlich nicht immer flexibel sein können oder zu oft wechseln, ist bekannt. Inwieweit die (finanzielle) Aufwertung des Altenpflegeberufs und das zunehmende Aufkommen von Pflegediensten mit wohlklingender, moderner Namensgebung und erweitertem Service Angebot eine Verbesserung der ambulanten Betreuung bringen wird, bleibt abzuwarten. Nichtsdestotrotz sollten Betroffene ermutigt werden, sich mit der Verbesserung ihrer häuslichen Versorgung auseinanderzusetzen und hierfür auch die Verantwortung zu übernehmen.

> **Fallbeispiel: Frau R., 84 J., depressive Entwicklung im Kontext von körperlichen Erkrankungen und Einsamkeit**
>
> Bei Frau R. stand Einsamkeit trotz guter familiärer »Anbindung« im Vordergrund. Aufgrund ihrer Maculardegeneration und zunehmender Gangunsicherheit hatte sie sich in den letzten Jahren sozial zurückgezogen und nur noch wenig Kontakte zugelassen. Viele alte Bekannte oder Freundinnen seien inzwischen auch verstorben oder nicht mehr mobil. Dass sie nicht mehr so fit und sportlich wie früher sei, belaste sie enorm. Obwohl sie sich in den Einzelsitzungen sehr offen und einsichtig zeigte, wurde eine Veränderung des interpersonellen Lebensstils von ihr nur sehr vage in Aussicht gestellt (»ja ich weiß, ich muss etwas verändern«). Hier sollte kein Druck aufgebaut werden, sondern vielmehr Bedauern, dass Patienten, angesichts der positiven Erfahrungen in der Psychotherapie, zu nicht mehr bereit sind. Möglicherweise ist das Vermeidungsverhalten zu stark ausgeprägt und ich-synton, als dass es in dieser späten Lebensphase innerhalb einer Psychotherapie gravierend abgebaut werden kann. Auch hier gelten die allgemeinen Therapieregeln: Wertschätzung selbst der kleinsten Fortschritte und Akzeptanz von Grenzen der Psychotherapie.
>
> *»Frau R., ich kann sehr gut nachvollziehen, dass Sie sich bei uns wohlfühlen und noch so gar nicht an die Entlassung denken möchten. Mir ist aufgefallen, wie gut Sie mit ihrer Zimmernachbarin zurechtkommen und wie oft sie mit ihr unterwegs sind. Wäre es nicht hilfreich und wichtig im Sinne der Vorbeugung von Depressionen, wenn Sie auch zu Hause mehr Kontakte zu anderen Menschen zulassen? Sie haben mir erzählt, dass in Ihrer Nähe Pilates für Ältere angeboten wird, Sie aber befürchten, dass Sie da gar nicht mithalten können und der Weg wegen ihrer Gehprobleme zu lang sein könnte. Wollen Sie sich das mal anschauen und dann erst entscheiden, ob Sie dort weiter hingehen möchten? Und was halten Sie, als frühere Tennisspielerin, von einem persönlichen Fitness-Coach?«*

3.2.3 Arbeit am Problembereich: Interpersonelle Konflikte und Auseinandersetzungen

Bei diesem Problembereich werden zumeist lang andauernde oder stagnierende offene, aber auch verdeckte Konflikte mit Ehepartnern oder anderen Angehörigen fokussiert. Wichtig ist, dass der (vermiedene) Konflikt in einem Zusammenhang zur depressiven Episode steht. Bei Älteren können es auch chronische Ehekonflikte sein, die erst durch die Berentung oder Probleme des Älterwerdens eskalieren und nur schwer einer Veränderung zugänglich sind. Im Unterschied zu jüngeren Depressiven haben Akzeptanzstrategien hier eine größere Bedeutung. Nicht nur Ehen können im Alter zum Stressfaktor werden, auch die zunehmende Abhängigkeit von anderen Menschen und damit verbundene unerfüllte Versorgungswünsche werden als sehr belastend erlebt. Letzteres wird aufgrund der sozialen Erwünschtheit zwar oft nicht offen zum Ausdruck gebracht, Sätze wie »die Kinder sind halt auch sehr beschäftigt« implizieren aber, dass man sich vielleicht doch etwas mehr Unterstützung erhofft hat. Der vielzitierte »Generationsvertrag« scheint weniger als früher zu funktionieren, wobei es sich möglicherweise um einen Mythos handelt. Im letzten Jahrhundert war die durchschnittliche Lebenserwartung deutlich geringer als heute, die Betreuungszeiten kürzer und oft wurden Töchter und Schwiegertöchter zur Pflege/Betreuung »eingespannt«. Dies ist heute infolge der veränderten Geschlechterrollen und Wertesysteme aber keine Selbstverständlichkeit mehr. Die Inanspruchnahme von professioneller Hilfe, Sozialstationen oder ausländischen Pflegekräften ist hingegen zur Normalität geworden, stößt bei den Betroffenen zu Beginn aber oft auf Ablehnung.

Liegt der Fokus auf interpersonellen Auseinandersetzungen, wird zunächst geklärt, worum es in dem Konflikt geht und welche unterschiedlichen Wünsche und Erwartungen dazu beigetragen haben. Im Alter sind voneinander abweichende Vorstellungen, wie der »Ruhestand« gestaltet werden soll, oft Anlass für Konflikte, aber auch Differenzen bzgl. Sexualität kommen häufiger vor, als vermutet. So kann das sexuelle Profil im Alter (oder auch »schon immer«) sehr unterschiedlich sein und zu erheblichem Leid beitragen, was aus Scham aber wenig kommuniziert wird. Der Begriff sexuelles Profil soll verdeutlichen, dass es nicht um »normal« oder »nicht normal« geht, sondern dass Menschen auch in diesem Bereich sehr unterschiedlich orientiert sein können und dass eine differenzierte, weniger wertende Betrachtung nötig ist.

Nach der inhaltlichen Klärung wird das Stadium identifiziert, in dem sich der Konflikt befindet. Man unterscheidet hierbei zwischen dem Verhandlungsstadium (in Form häufiger, meist unbefriedigender Auseinandersetzungen), dem Sackgassenstadium (Konflikte werden nicht mehr offen angesprochen) und dem Auflösungsstadium (die Beziehung ist unwiderruflich zerrüttet). Auch wenn keine »klassische« Paar- oder Familientherapie durchgeführt wird, sollten die Partner oder Angehörigen (i. d. R. die erwachsenen Kinder) in die Therapie einbezogen werden, zumindest für ein diagnostisches Gespräch. Danach wird ein Handlungsplan entwickelt, durch den sich die Erwartungen an die Beziehung und/oder die gestörte Kommunikation verändern soll. Bei Älteren kann ein Ziel darin bestehen, eine suboptimale Beziehung zu tolerieren und eher deren depressiogene Auswirkungen zu verringern. Allerdings sollten auch im fortgeschrittenen Alter Trennungswünsche ernst genommen sowie eine Neuorientierung bzw. Loslösung aus einer dysfunktionalen Beziehung unterstützt werden.

Fallbeispiel: Frau D., 78 J., rezidivierende Depressionen im Kontext ehelicher Konflikte

Frau D., eine früh aus dem Berufsleben ausgeschiedene Ehefrau, leidet seit vielen Jahren unter Depressionen, die sie in einem Zusammenhang mit einem chronischen Ehekonflikt sieht. Ihr Mann habe ihr früher ein »tolles Leben« geboten, mit vielen Reisen und interessanten Kontakten und Hobbys. Jetzt »im Alter« und seit einem Umzug in seine alte Heimat, sei das alles »Schnee von gestern«. Sie passe einfach nicht in die Provinz, stoße auf viel Ablehnung, ihr Ehemann habe sich zudem zu einem vergesslichen »Stubenhocker« entwickelt. Sie befürchte, dass er an einer Demenz leiden könnte. Sie selbst leide unter einer Reihe von somatischen Beschwerden, die es ihr schwermachten, eigenen Hobbys nachzugehen. Auch könne sie ihren Mann nicht so lange allein lassen.

Beim Problembereich Konflikte werden folgende Strategien vorgegeben:

Worum geht es in dem Konflikt?

»*Frau D., Sie haben mir berichtet, dass es seit zwischen Ihnen und ihrem Mann immer wieder zu Streitereien kommt. Worum geht es da genau? Können Sie mir eine typische Situation schildern, damit ich es besser verstehen kann?*« An dieser Stelle sich eine typische Konfliktsituation schildern lasen und gezielt nachfragen (z. B. »*Kennen Sie solche Szenen auch schon von früher?*«)

Welche unterschiedlichen Wünsche, Werte und Erwartungen tragen zum Konflikt bei?

»*Frau D., Sie sagen, dass sich Ihr Mann zu einem »Stubenhocker« entwickelt habe. Während Sie gern aktiv sind und Menschen treffen möchten, zieht sich Ihr Mann offenbar gern an seinen Schreibtisch zurück. Sie ärgern sich auch, dass er auf seine festen Mahlzeiten (incl. einem warmen Mittagessen) besteht und damit Ihre Tagespläne durchkreuzt. Sie erleben ihn als initiativlos und langweilig, er beharre zudem auf seinen Vorstellungen, sei wenig kompromissbereit. Ich kann sehr gut nachvollziehen, dass Sie sich das das gemeinsame Älterwerden so nicht vorgestellt hatten.*« Lagen Sie früher in ihren Werten und Orientierungen auch so weit auseinander?

Welche Veränderungswünsche und -möglichkeiten bestehen?

»*Sie haben mir erzählt, dass Sie kaum noch Hoffnung haben, dass er sich ändert, zumal Sie ihn in letzter Zeit zunehmend vergesslicher erleben. Trauen Sie sich denn selbst zu, eine Veränderung herbeizuführen? Haben Sie diesbezüglich schon etwas probiert? Können wir über Versuche sprechen?*«

Welche Ressourcen zur Veränderung gibt es?

»Frau D., so wie ich es verstanden habe, waren Sie immer aktiv und wussten sich zu helfen. Könnten Ihnen diese Eigenschaften helfen, diesen Konflikt zu lösen?«

Bestehen Parallelen zu anderen Beziehungen? Welche Funktionalität ist gegeben?

»Ist Ihnen so etwas in anderen Beziehungen auch schon mal passiert? Die Beziehung, die Sie beschreiben, hat etwas Ähnlichkeit mit der Beziehung zu Ihrem Vater. Auch er habe ›was dargestellt‹ und sei sehr bestimmend gewesen. Sie hätten sich oft seinen Wünschen gefügt, obwohl Sie, was Ihre Berufswahl anging, ganz andere Vorstellungen hatten.«

Wie wird der Konflikt aufrechterhalten?

Die Analyse aufrechterhaltenden Bedingungsfaktoren spielt auch in der IPT-LL eine wichtige Rolle. Hier kommt eine Reihe von Faktoren in Frage:

- Ungünstige Kommunikation, z. B.:
  - Schweigen/ »Schmollen« als Beendigung der Kommunikation
  - Zu viel Argumentieren, Überforderung des Gegenübers
- Vermeidung von negativen Gefühlen, »Aussitzen« von Konflikten
- Angst vor Verlassen werden oder noch größerem Ärger
- Verbitterung, Groll bzgl. des gelebten Ehelebens (und der verpassten Lebenschancen)
- Chronischer »Streitmodus«, der zur ehelichen Beziehung gehört

Welche Kommunikationsmuster herrschen vor? Welches Stadium?

Durch eine Kommunikationsanalyse sollen problematische Interaktionsmuster aufgedeckt werden. Hilfreich ist es diese an einem konkreten »Streitfall« durchzuführen und danach das eigene Verhalten zu beurteilen, ob man auf der »freundlichen Seite« geblieben oder ins Feindselige abgedriftet ist. Oft sind sich die Konfliktpersonen gar nicht bewusst, dass das vermeintliche Nachgeben (»um des lieben Friedens willen«), passiv-aggressiv wirkt und das Gegenüber zu weiterer, feindseliger Dominanz verführt. Durch die Kommunikationsanalyse sollen diese Muster wertfrei betrachtet werden und Betroffenen die Möglichkeit geben, diese zu reflektieren bzw. zu hinterfragen. Oft wird sehr schnell deutlich, ob sich ein Paar im Streit- oder Schweigemodus (d. h. Verhandlungsstadium oder Sackgasse) befindet (▶ Abb. 3.2).

Bei Frau D. ergab die Kommunikationsanalyse, dass Sie ihre Wünsche an den Mann z. T. sehr vorwurfsvoll herantrug, was sie mit ihrem selbstbewussten Auftreten noch untermauerte. Sie rechtfertigte dies mit der Erfahrung, dass er auf die freundliche »Tour« auch nicht adäquat reagiere Frau D. zwischen den Polen feindselig-dominant und feindselig-unterordnend; der Ehemann offenbar ähnlich, was bei beiden zur Frustration und Resignation sowie eine unbefriedigenden Patt-Situation beitrug.

Abb. 3.2: Kommunikationsanalyse

Handlungsplan entwickeln und umsetzen

Nachdem die relevanten Themen (Bindungsstile, Werte, unterschiedliche Orientierungen, Konfliktstadium und Kommunikation) durchgesprochen worden sind, gilt es einen Handlungsplan zu entwickeln. Dabei können Akzeptanz- und/ oder Veränderungsziele definiert werden. Bei langandauernden Konflikten ist zu klären, inwieweit (ältere) Menschen in der Lage sind, ihr Konfliktverhalten ernsthaft zu verändern und z. B. auf das feindselige Einfordern von Bedürfnissen zu verzichten. Auch hier sollten kleinste Schritte in Richtung funktionaler Kommunikation verstärkt werden, z. B. Sätze wie »Du bist schon wie dein Vater, als er alt war« nicht mehr zu sagen. Das Einüben günstiger Kommunikation (s. Onlinematerialien, Arbeitsblatt 4 und Gruppenmanual, Teil C, ▶ Kap. 4.3.4) erfolgt in Form von Rollenspielen im Therapieraum. Das bereits beim Problembereich Einsamkeit beschriebene »Shaping« ist dabei sehr hilfreich. Sollte trotz intensiver Bemühungen keine Veränderung der ungünstigen Kommunikation möglich sein, bieten sich Toleranzerhöhung, Ablassen vom Kampf und eine Bedürfniserfüllung außerhalb der Beziehung, ohne deren Auflösung, an. Zu dieser Option entschied sich auch Frau D., nachdem sich durch einen operativen Eingriff ihre somatischen Einschränkungen gebessert hatten.

Chronische, scheinbar unlösbare Konflikte

Nicht nur Ehekonflikte, sondern auch die Konflikte zwischen alten Eltern und ihren erwachsenen Kindern sind häufig von »jahrelangen« Vorwürfen und Abwertungen geprägt (z. B. »Na, kommt der Herr Sohn auch mal wieder zu Besuch?«). Oft sind es die unterschiedlichen Erwartungen an die Beziehung, die nicht (mehr) kompatibel sind sowie eine chronisch gestörte Kommunikation. In solchen Fällen bietet die IPT-LL verschiedene Optionen. Die bereits erwähnte Toleranzerhöhung für schwierige Familienverhältnisse und/oder der Aufbau von kompensatorischen Beziehungen oder Aktivitäten, die die »Fixierung« auf die nächsten Angehörigen abmildern könnten. Hier bietet sich der Rollenwechsel vom verbitterten, kämpfenden und damit Energie vergeudenden Menschen zum akzeptierenden und neue Freiräume gewinnenden an. Die Erinnerung an »bessere Zeiten« kann ebenfalls dazu beitragen, sich mit den negativen Aspekten einer Beziehung zu arrangieren. Generell sollten Betroffene entlastet und ermutigt werden, mehr Verständnis und Mitgefühl für ihre Lebenssituation und die veränderten Beziehungskonstellationen aufzubringen. Verzeihen und Vergebung können in einzelnen Fällen eine sehr bedeutsame Rolle spielen. Folgende Ratschläge/Interventionen (n. Gilbert 2011) sollen das Loslassen von Wut und Verbitterung und ein »Blick zurück im Zorn« erleichtern:

- Wenn sie vergeben/verzeihen können, tun Sie etwas Gutes für ihre Gesundheit (insb. Ihre Stressachse).
- Schreiben Sie einen Brief an diejenigen, denen Sie vergeben möchten, halten Sie darin alle Kränkungen und Gefühle fest!
- Denken Sie an die Vorteile, wenn Sie sich von der Wut befreien!
- Loslassen heißt auch Trauer zuzulassen, z. B. um die Bindungspersonen, die man gerne gehabt hätte, die aber ihrer Rolle nicht (mehr) gerecht werden.
- Vergeben heißt nicht, den anderen mögen zu müssen oder nachzugeben. Sie geben ihm aber nicht mehr so viel negativen Einfluss auf ihr Leben.

Sie können auch die Neuorientierung erleichtern, z. B., wenn die Beziehung unwiderruflich zerrüttet ist. Trennungen kommen auch im Alter vor, werden von der jetzigen Alterskohorte im Vergleich mit Jüngeren aber wesentlich seltener gewünscht oder gewagt. Sollten sich ältere Menschen dazu entschlossen haben, ist dieses Anliegen ernst zu nehmen und nicht nur emotional, sondern auch instrumentell (in enger Kooperation mit dem Sozialdienst) zu unterstützen. Konkrete Hilfsangebote (z. B. Suche nach einer alternativen Wohnform) sollten in den Handlungsplan aufgenommen werden.

3.2.4 Arbeit am Problembereich: Trauer

Verwitwung oder der Verlust von engen Bindungspersonen gehen mit natürlichen Trauerprozessen einher, können aber bei bestimmten Risikofaktoren (z. B. mangelnde soziale Unterstützung) zu »komplizierter Trauer« führen. Darunter wird ein Muster psychischer Folgebeschwerden konzeptualisiert, die das psychosoziale Funktionsniveau und die physische Gesundheit der Betroffenen gravierend beeinträchtigen und das Suizidrisiko erhöhen. Als typische Symptome einer akuten, prolongierten Trauer gelten: eine exzessive Sehnsucht und Suche nach der verstorbenen Person, intrusive Gedanken an die Person, die Unfähigkeit den Tod zu akzeptieren, maladaptive Gedanken- und Verhaltensmuster (insb. Vermeidung) sowie eine gestörte Emotionsregulation.

In einer früheren Studie zu komplizierter Trauer von Shear et al (2005) mit Personen mittleren Alters zeigte sich, dass Trauersymptome weniger gut auf IPT ansprechen und dass eine Kombination aus Expositionsverfahren, IPT und Motivierender Gesprächsführung erfolgversprechender ist. Diese Module finden im sog. Complicated Grief Treatment (CGT, Shear et al. 2010) Berücksichtigung, welches sich auch bei älteren Patienten einer Standardbehandlung mit IPT überlegen zeigte (Shear et al. 2014).

Bei der IPT-LL wird gezielt mit Hilfe spezifischer Strategien auf den gestörten Trauerprozess eingegangen. Zunächst wird eine genaue Analyse des gestörten Trauerprozesses ermöglicht, d.h. es wird geklärt, in welcher Phase es zu Auffälligkeiten gekommen ist und wie die abnormen Trauerreaktionen im Einzelnen aussehen. Erst nach dieser sorgfältigen Analyse werden spezifische Behandlungsstrategien abgeleitet und Ziele definiert. Bei allen Formen der gestörten Trauer sollen mittel- bis längerfristig der Aufbau von Interessen und Beziehungen sowie ein neuer Bezug zur Welt erleichtert werden.

Die wichtigsten Zielsetzungen sind:

- **Bei verzögerter oder verzerrter (d.h. vermiedener) Trauer:** Gestörten Trauerprozess einleiten bzw. fördern, zur Trauerarbeit ermutigen. Erinnerungen an die verlorene Person, die Gefühle und die Erfahrungen mit Verstorbenen werden in den Mittelpunkt gerückt.
- **Bei chronischer Trauer:** Menschen ermöglichen, sich aus dem »Verharren in der Trauer« zu lösen bzw. sich von der »lähmenden« Bindung zur verstorbenen Person befreien, um wieder mehr Energie für Aktivitäten und soziale Beziehungen zu haben
- **Bei traumatischer Trauer:** Abbau von Vermeidungsverhalten und Erlernen von Strategien im Umgang mit intensiven negativen Gefühlen und »Bildern«.

Die Bindungstheorie von John Bowlby (1980, 2006) spielt bei diesem Problembereich eine besondere Rolle. Unter Berücksichtigung von Erkenntnissen aus der Entwicklungspsychologie, Neurophysiologie und Verhaltensbiologie geht Bowlby geht davon aus, dass Menschen ein starkes Bedürfnis haben, enge Bindungen mit anderen Menschen einzugehen und dass sie zu intensiven emotionalen Reaktionen neigen, wenn diese Bindungen bedroht sind. In seiner »Attachment Theory« stellt Bowlby einen engen Zusammenhang zwischen Verlust persönlicher Bindungen und dem Auftreten depressiven Verhaltens her. In seiner »Biological Theory of Grief« betrachtete er Trauerreaktionen als biologisch determinierte Prozesse, die darauf abzielen, das verlorene Objekt wieder zurückzugewinnen. Wird dieser Prozess von Menschen bewusst vermieden, ist nach Bowlby die

Wahrscheinlichkeit, depressive Symptome zu entwickeln, deutlich erhöht. Nach Bowlby weisen menschliche und tierische Trauerreaktionen zwar Gemeinsamkeiten auf (wie z. B. Ängstlichkeit, Suchverhalten, starke Unruhe), eine Trauerarbeit im eigentlichen Sinne ist jedoch nur für Menschen spezifisch. In der Trauerforschung wird dabei von einem prozesshaften Geschehen ausgegangen. Vorrausetzung für ein »erfolgreiches Trauern« ist, dass Trauernde verschiedene Phasen durchlaufen, die mit bestimmten Aufgaben bzw. Anforderungen verbunden sind. Während sich die IPT-LL mehr am Phasenmodell orientiert, ist das Complicated Grief Treatment (CGT) nach Shear (2005) nach dem Dualen Prozessmodell der Trauerbewältigung konzipiert. Dieses, ursprünglich von Stroebe und Shut (1999) entwickelte Modell, differenziert zwischen der Trauerarbeit und einer Umorientierung in Bezug auf die Zukunft ohne die verstorbene Person. Nach Wagner (2013, S. 8) wechseln sich zwei Verarbeitungsprozesse während der Trauerverarbeitung ab: 1. Verlust-orientiertes Verarbeiten 2. wiederherstellungsorientiertes Bewältigen. Auch beim CGT werden bei jeder Sitzung Aspekte des Verlustes und der »Wiederherstellung« thematisiert. Der Abbau von Vermeidung ist ein zentrales Therapieelement, expositionsbasierte Strategien, imaginatives und situatives Wiederaufsuchen des Verlustereignisses sowie imaginierte Dialoge mit dem Verstorbenen sind bedeutsame Interventionen. Das duale Prinzip bezieht sich auf die emotionale Bearbeitung des Verlusts (z. B. Aufsuchen schmerzvoller Orte und Erinnerungsarbeit) und dem Aufbau eines befriedigenden Lebens (z. B. Wiederaufnehmen positiver Aktivitäten und Kontakte). CGT Elemente lassen sich aber gut mit dem IPT-LL Vorgehen kombinieren. Auf das Einhalten der Balance zwischen Verlust und Schmerz sowie Neuorientierung und Trost ist zu achten. Dies könnte auch die Motivation von Trauernden erhöhen, sich weiter mit ihrer Problematik auseinanderzusetzen.

Diagnose einer komplizierten Trauerreaktion

Häufig ist es offensichtlich, dass die Depression durch einen bedeutsamen Verlust ausgelöst wurde. In anderen Fällen besteht vielleicht nur eine indirekte Beziehung zwischen der derzeitigen Depression und früheren Verlusterlebnissen. Bei Älteren spielen multiple Verluste eine größere Rolle. Zur Klärung, ob eine komplizierte Trauerreaktion vorliegt, kann das Inventory of Complicated Grief (ICG, Prigerson et al. 1995) eingesetzt werden (deutsche Version: ICG-D, s. Rosner et al. 2011)

Gezieltes Nachfragen zu den Umständen des Todes, zum Ausmaß der erlebten sozialen Unterstützung oder zum Umgang mit dem »Nachlass« der Verstorbenen ist ebenfalls indiziert. So kann die Frage »Was haben Sie mit den persönlichen Gegenständen des Verstorbenen gemacht« wertvolle Hinweise darauf geben, ob eine komplizierte Trauerreaktion vorliegt (z. B. wenn auch nach längerer Zeit keinerlei Veränderungen in der Wohnung vorgenommen worden sind). Weitere Fragen zum Ausmaß des Vermeidungsverhaltens (z. B. »nie« auf den Friedhof gehen) oder »unangemessenem« Trauerreaktionen (z. B. sich in die Arbeit »stürzen«) sind ebenfalls wertvoll (s. auch Schramm, 2019, S. 134)

Vorgehen bei vermiedener Trauer

Ein stationäres Fallbeispiel: Frau B., 69 J., schwere depressive Episode durch Krankheit und Tod des Partners

Frau B. sieht ihre Depressionen im Zusammenhang mit der schweren Krebserkrankung und dem Tod ihres langjährigen Lebenspartners. Sie habe ihn fast vier Jahre betreut, sich psychisch und physisch überfordert. Nach seinem (qualvollen) Sterben vor einigen Monaten, hätte sich die Depression verschlimmert, sie habe starke Schuldgefühle entwickelt, ihren Partner nicht ausreichend unterstützt zu haben. Zudem seien ihre Haare ganz kaputt und fielen büschelweise aus, sie sei fest davon überzeugt, körperlich zu verfallen.

Im Sinne IPT-LL wurde zunächst versucht, Frau B. zur Einnahme der Krankenrolle, zur Akzeptanz der Depression und zu ersten Schritte zur Symptombewältigung zu ermutigen. Bei der Exploration des Trauererlebens wurde deutlich, dass Frau B. zu einer Vermeidung der Trauer neigte. So berichtet sie, nicht weinen zu können und die Konfrontation mit dem Nachlass ihres Partners (Wohnung, Gegenstände, Kleidungsstücke, Bilder) komplett zu vermeiden. Die therapeutische Bearbeitung dieser Themen erwies sich als schwierig, da Frau B. im weiteren Verlauf der Behandlung extrem auf ihre äußerliche Attraktivität (insb. die Haarfrisur) eingeengt war und kaum in der Lage war, sich auf andere Inhalte einzulassen. Frau B. betonte, dass sie sich am liebsten vom Fernseher »berieseln« lasse, um sich so keinen Alltagsanforderungen oder Erinnerungen stellen zu müssen. Die Patientin betonte z. T. sehr hartnäckig, dass sie nicht anders könne und sie die Hoffnung habe, dass sich der Zustand von allein bessere.

Die Beziehung zu dem Verstorbenen rekonstruieren

Menschen mit komplizierten Trauerreaktionen sind häufig auf den Tod selbst fixiert oder wie in dem Fallbeispiel von Frau B. auf eine vollkommen andere (körperbezogene) Thematik. Dadurch wird vermieden, sich mit der komplexen Beziehung zu den Verstorbenen auseinanderzusetzen. Hier sollten Therapeuten nicht »mitvermeiden«, sondern die Beziehung mit ihren positiven und negativen Aspekten empathisch und gefühlsbezogen explorieren. Betroffene sollen dabei die Möglichkeit bekommen, auch negative Gefühle den Verstorbenen gegenüber (z. B. Enttäuschung, Ärger) zuzulassen und auszudrücken.

«Erzählen Sie mir bitte, wie Ihr Leben mit der verstorbenen Person war? Wie hat sich das verändert seit sie starb? Jede Beziehung hat ihre Höhen und Tiefen. Welche gab es bei Ihnen?»

Frau B. berichtete, dass ihr Partner ein »Macher-Typus«, gewesen sei, der sich trotz ihrer 17 Jahre andauernden Beziehung nie habe scheiden lassen. Zur Noch-Ehefrau und den übrigen Familienmitgliedern habe sie ein eher freundschaftlich-distanziertes Verhältnis gehabt. Durch ihren Partner habe sie einen Aufstieg in höhere gesellschaftliche Kreise geschafft. Er sei aber trotz seines Geldes eher geizig gewesen, habe sich schnell aufregen können, wenn sie finanziell einen Wunsch geäußert habe. Überhaupt sei er aufbrausend und dominant gewesen, seinen Frust über seine tödliche Erkrankung habe sie voll tragen müssen, die Kinder und die Ehefrau hätten sich zum Schluss zurückgezogen. Auch nach seinem Tod hätten sie sich trotz aller Versprechungen, sich um sie zu kümmern, rargemacht. Trotz allem habe sie ihn sehr geliebt und mache sich Vorwürfe, dass sie aufgrund ihrer Depression nicht mehr so für ihn da sein konnte, in der Todesnacht aus Erschöpfung daheim übernachtet habe. Die Ausführungen der Patientin Frau B. weisen auf trauererschwerende Faktoren hin: komplizierte Patchwork-Verhältnisse, Tendenz zur Aufopferung, fehlende soziale Unterstützung.

Die Abfolge der Ereignisse kurz vor, während und nach dem Tod beschreiben lassen:

»*Können Sie mir etwas über den Tod Ihres Partners erzählen? Unter welchen Umständen ist er gestorben? Konnten Sie sich noch verabschieden, konnten Sie sich noch etwas mitteilen? Wenn nein, gab es Gesten oder Blicke, die Sie in Erinnerung behalten haben? Wie haben Sie es aufgenommen, als Sie vom Tod erfuhren? Wie haben Sie die Beerdigung erlebt? Mögen Sie das nochmal schildern? Wie ging es Ihnen in den darauffolgenden Wochen?*«

Therapeuten sollten sich nicht scheuen, sehr ins Detail zu gehen, die einzelnen Situationen »in sensu« in den therapeutischen Raum zu holen. (Dieses Vorgehen hat sich auch bei dem CGT nach Shear als sehr wirksam erwiesen.) Bei Frau B. zeigte sich, dass sie als langjährige Lebensgefährtin *hinter* der Noch-Ehefrau und den erwachsenen Kindern zur Beisetzung habe gehen müssen. Diese Erfahrung habe sie als sehr demütigend erlebt.

Die damit verbundenen Gefühle (sowohl positive als auch negative) explorieren, dabei unvoreingenommen und ermutigend bleiben

»*Wie haben Sie sich gefühlt als Sie mit dem Tod Ihres Partners konfrontiert waren? Gab es auch Gefühle von Enttäuschung/Erleichterung/Ärger?*«

Beruhigende Rückversicherung geben, dass alle Gefühle normal sind.

»*Es ist vollkommen in Ordnung, dass es bei Ihnen zu so unterschiedlichen Gefühlreaktionen kommt, das ist bei Trauernden normal, wir nennen es auch ein ›Chaos der Gefühle‹. Wie ist das für Sie, wenn Sie hier auch weinen müssen?*«

Von Verlusten Betroffene äußern häufig Ängste, dass sie durch die Besprechung der Trauer wieder alles »aufwühlen« müssten und dass es ihnen dadurch nur noch schlechter gehen würde. Diesen Befürchtungen sollte mit Verständnis und Aufklärung begegnet werden:

Ich finde es sehr gut, dass sie diese Befürchtung zum Ausdruck bringen, ich kann Ihnen aber versichern, dass Trauerarbeit im Rahmen einer Psychotherapie eher selten zum Zusammenbruch führt, und von vielen Betroffenen als sehr entlastend und hilfreich erlebt wird.

Vergleich mit früheren Trauersituationen und Verlustereignissen (Aktivierung von Ressourcen) herstellen:

»Wie sind Sie mit früheren Verlusten umgegangen? Was hat Ihnen damals geholfen?«

Erkenntnisgewinn über Faktoren, die zur problematischen Trauerreaktion beigetragen haben, mitteilen:

»Ich habe den Eindruck gewonnen, dass Ihre sehr enge, fast ›selbstlose‹ Bindung an Ihren Partner und Ihre Befürchtung nicht genügend für ihn getan zu haben, zu einer sehr schuldbesetzten Trauerverarbeitung beigetragen haben. Auch dass Sie sich nicht verabschieden konnten, Sie bis zum Ende von ihm keine versöhnlichen Worte gehört haben, scheint Sie sehr zu belasten. Liege ich da richtig?«

Die Vorstellung von einem harmonischen Abschiednehmen Sterbender im Kreise der engsten Vertrauten, wird von vielen Menschen geteilt. Leider sieht die Realität oft ganz anders aus, von »schrecklichen Todeskämpfen«, einsamem Sterben auf der Intensivstation bis zu »sanftem Einschlafen« gibt es eine Vielzahl von Variationen, in die Angehörige und andere Bindungspersonen oft gar nicht einbezogen sind. Diese Erkenntnis sollte Trauernden zur Entlastung mitgeteilt werden, ebenso die Aussicht, dass sich bestimmte Formen des Abschiednehmens »nachholen« lassen, auch im Rahmen einer Psychotherapie.

»Frau B., wir werden uns die Trauer um Ihren Partner noch einmal hier in die Therapie ›holen‹, sodass Sie die Möglichkeit bekommen, das Unausgesprochene auszudrücken, z. B. in Form einer Ansprache, eines Dialogs oder Briefes. Ich werde Ihnen das zu gegebener Zeit noch näher erläutern. Könnten Sie sich das vorstellen?«

Die Welt ohne die Verstorbenen realisieren, was erschwert diesen Prozess?

Die Vielzahl der Rollen, die Verstorbene innehatten, werden schmerzlich bewusst, eigene Kompetenzen werden als nicht ausreichend eingeschätzt. Wurde der Selbstwert sehr stark über die verstorbene Person definiert, kommt zu deutlichen Beeinträchtigung des Selbstwerterlebens und mitunter zu einer massiven Regression.

Zentrale Werte und Glaubensvorstellungen werden oft in Frage gestellt, selbst wenn Verstorbene in einem »gesegneten« Alter waren. Eine Sterbeerwartung oder -bereitschaft ist auch im Alter nicht selbstverständlich zu erwarten.

Neuorientierung, Aufbau von Interessen und Beziehungen fördern

Neben der Reaktualisierung des Trauererlebens spielen die Neuorientierung und der Wiederaufbau von Kontakten und Aktivitäten eine große Rolle. Die Welt ohne den anderen zu realisieren und zu gestalten ist für ältere Menschen, die z. T. über 50 oder 60 Jahre Ehe bzw. Partnerschaft gelebt haben, eine sehr große Herausforderung. Hier sollten keine zu großen Erwartungen bzgl. einer normalen Rückkehr in den Alltag gehegt werden. Letzterer wird mit großer Wahrscheinlichkeit durch das gemeinsame, zuweilen fast symbiotisch anmutende »Miteinander« geprägt gewesen sein. »Die Kinder können den Partner auch nicht ersetzen«, ist ein häufiger Ausspruch Trauernder und soll daran erinnern, dass die »Lücke« nicht so einfach zu füllen ist und dass nicht zu hohe Erwartungen an die Trauerbewältigung gestellt werden.

Nichtsdestotrotz sollte auch in diesen Fällen die Zuversicht vermittelt werden, dass es Möglichkeiten zu Trost und Linderung des Schmerzes gibt und diese am ehesten »zwischenmenschlicher Natur« sind. Leider reagiert das soziale Umfeld oft mit Rückzug, zum einen, um schmerzhaften Reaktionen oder Themen zu vermeiden, zum anderen aus Unsicherheit, was außer Trauer, noch angesprochen werden soll/darf. Dies führt oft zu Missverständnissen und zu einem schmerzhaften Gefühl von »im Stich gelassen werden« auf Seiten der Trauernden, die sich evtl. noch stärker zurückziehen, was im Umfeld wiederum als Bedürfnis nach Ruhe und Abstand interpretiert wird. So entsteht ein Teufelskreis, der in den Sitzungen thematisiert und nach Möglichkeit verhindert bzw. unterbrochen werden sollte. Relevant in diesem Kontext sind »seltsame Reaktionen« des sozialen Umfeldes (z. B. unpassende Kommentare, aus dem Weg gehen oder »plumpe« Kontaktangebote). Diese können auch aus einer Unsicherheit heraus entstehen oder aus mangelnder Sensibilität. Trauernde sollten ermutigt werden, ihre Bedürfnisse direkter zu formulieren, was auch ein sich abgrenzen dürfen impliziert. Des Weiteren wird intensiv an kurz- und längerfristigen Ablenkungs- bzw. Entlastungsmöglichkeiten (z. B. ein altes Hobby wiederaufnehmen) sowie an interpersonellen Ressourcen gearbeitet:

»Frau B., Sie haben mir erzählt, dass Sie früher einen Yogakurs besucht haben. Wird dieser Kurs noch angeboten? Könnten Sie sich vorstellen, zu den Frauen wieder Kontakt aufzunehmen? Oder: Sie haben mir berichtet, dass Sie z. T. sehr rührende Beileidskarten erhalten haben. Mit welcher dieser Personen hätten Sie wieder gern wieder Kontakt?

Trost ohne Worte, manchmal tun Berührungen einfach gut. Die Corona-Pandemie hat gezeigt, wie wichtig Körperkontakt für alle Menschen ist. Gibt es Menschen, die sie auch mal in den Arm nehmen, berühren? Falls nicht, wer könnte Ihnen diese Art von Zuwendung geben? Welche Erfahrungen haben sie mit professionellen Angeboten gemacht (z. B. Massagen, manuelle Therapie)?
Was halten Sie von einer Gruppe für Trauernde? Soll unser Sozialdienst sich mal kundig machen, was hier in der Gegend angeboten wird?« (Wird von vielen aber nicht präferiert.)

Vorgehen bei prolongierter Trauer

Bei Älteren sind prolongierte Trauerreaktionen keine Seltenheit, man spricht von »prolongiert«, wenn Trauernde große Probleme haben, sich emotional vom Verstorbenen zurückzuziehen oder sich unfähig zeigen, den Tod zu akzeptieren, maladaptive Gedanken- und Verhaltensmuster sowie eine gestörte Emotionsregulation vorherrschen. Es kann sogar zum Aufbau eines Pseudozusammenlebens mit dem Toten führen, gepaart mit ausgeprägtem sozialem Rückzug. Ab wann diese Form der Trauer pathologisch wird, ist nicht immer eindeutig zu klären. So betonen manche Trauernde, dass ihnen die enge Bindung mit dem Verstorbenen sehr wichtig und das soziale Umfeld unbedeutend geworden sei. Entscheidend sollte der Zusammenhang zur depressiven Symptomatik sein. Falls dieser sehr deutlich ausfällt, ist zu klären, ob sich Patienten aus dem »Verharren in der Trauer« lösen möchten bzw. können. Oft sind sich die Betroffenenüber das Ausmaß und die Wirkung ihrer chronischen Trauerreaktionen gar nicht so bewusst, halten diese gar für normal und angemessen (z. B. bei langen Ehen). Bei der Bearbeitung dieser Problematik sind folgende Strategien hilfreich:

- **Klärung, warum Trauerprozess gestört ist und das »Loslassen« so schwerfällt:**
  - Sind ambivalente Gefühle so übermächtig, dass positives Gedenken und Aufbau eines inneren Bildes nicht möglich ist?
  - Sind positive Gefühle so mächtig, dass man die (idealisierte) Beziehung nicht aufgeben möchte?
  - Besteht eine große Angst vor neuen Beziehungen oder Schuldgefühle gegenüber dem Verstorbenen?
  - Fehlt das soziale Netz?
- **An positive und negative Aspekte der Beziehung erinnern, ausführlich darüber sprechen (s. vermiedene Trauer)**
- **Entwicklung eines Handlungsplans:**
  1. Sich von persönlichen Dingen des Verstorbenen trennen, weniger zum Grab gehen
  2. Weniger über/mit dem Verstorbenen sprechen
  3. Unerledigtes/Versäumtes nachholen (z. B. einen Brief schreiben)
  4. Trauerprozess nach Außen symbolisieren, Rituale pflegen

Vorgehen bei traumatischer Trauer

Zu traumatischen Trauerreaktionen kann es kommen, wenn die Todesumstände für Angehörige extrem belastend sind, z. B. wenn eine enge Bezugsperson plötzlich und gewaltsam zu Tode kommt, vor den eigenen Augen bei einem Unfall verstirbt oder suizidiert aufgefunden wird. Aber auch die Begleitumstände des »normalen Sterbens«, z. B. ein nicht enden wollender Todeskampf, können für Angehörige so belastend werden, dass traumatypische Symptome, wie intrusive Gedanken oder Flashbacks, auftreten können. Der Trauerprozess dauert oft länger und bedarf spezifischer Interventionen, wie z. B. Konfrontations- und Expositionsübungen oder auch »Imagery Rescripting«. Ziel ist es, Vermeidungsverhalten abzubauen und Patienten einen adäquaten Umgang mit ihren intensiven negativen Gefühlen zu ermöglichen. So könnte eine Patientin, deren Mann sich im Zusammenhang mit einer schweren Krebserkrankung vor den Zug geworfen hat (und die seither jegliches Bahnfahren meidet), zu einer Expositionsübung am Bahnhof ermutigt werden. Eine adäquate Vor- und Nachbereitung einer solchen Übung ist natürlich obligatorisch. Das Vorgehen entspricht weitgehend der Exposition in vivo für Angststörungen. Mit Hilfe der therapeutischen Begleitung könnte die Patientin lernen, mit den aufkommenden negativen Gefühlen einen Umgang zu finden. Diese Übung ist im Prinzip auch in sensu möglich, insbesondere dann, wenn Expositionen in vivo in der therapeutischen Praxis nicht möglich sind, z. B., wenn Unfall- oder Sterbeort zu weit entfernt ist oder nicht zu rekonstruieren ist. Eine ausführliche Darstellung von Expositionsverfahren findet sich bei Wagner (2013), eine Übersicht über Imagery Rescripting Interventionen bei Ehring (2019).

3.3 Die Abschiedsphase

Die IPT-LL ist eine Kurzzeittherapie mit einem nicht offenen Ende, was in der (ambulanten) Praxis nicht immer einfach umzusetzen ist. So ist das soziale Netz älterer Menschen, wie schon oft betont, in der Regel ausgedünnt oder kaum noch vorhanden. In der jetzigen Alterskohorte wurden bzw. werden freundschaftliche Beziehungen möglicherweise auch anders gepflegt. So berichten nicht wenige Patienten, dass sie zwar gute Freunde oder befreundete Ehepaare haben, diesen aber nichts Intimes preisgeben würden. Therapeuten können somit zu feinfühligen, kompetenten Wegbegleitern werden, auf die man ungern verzichten möchte. Während im stationären Setting das Entlassmanagement Grenzen setzt, könnte es im ambulanten Rahmen schwieriger werden. In der IPT-LL wird die zeitliche Begrenztheit des Verfahrens von daher schon am Beginn angesprochen, auch soll durch eine Beendigungs*phase* genügend Raum für das Abschiednehmen gegeben werden. Da die IPT in Deutschland (noch) nicht als Richtlinienverfahren anerkannt wird, ist davon auszugehen, dass IPT Module oder

Interventionen in der Kognitiven Verhaltenstherapie oder in der Psychodynamischen Therapie zur Anwendung kommen. Bei beiden Psychotherapien sind längere Therapiedauern die Regel, was eine sog. IPT-LL Erhaltungstherapie, d. h. niederfrequente Sitzungen (ca. alle 3-4 Wochen) über einen längeren Zeitraum, ermöglichen würde.

In der IPT-LL Beendigungsphase (d. h. die letzten 2-3 Sitzungen) sollten Patienten behutsam auf das kommende Ende der Therapie vorbereitet werden. Im ambulanten Bereich setzt das beantragte Stundenkontingent in der Regel Grenzen, im (teil-)stationären Setting kann es insbesondere bei anhaltender depressiver Symptomatik zu einer Verlängerung der mittleren Phase kommen. Auch hier bietet die IPT-LL eine hohe Flexibilität. Nichtsdestotrotz sollte das Ende der Behandlung 3-4 Sitzungen vor der Entlassung bzw. dem Therapieende angesprochen werden. In diesen Abschlusssitzungen werden Patienten ermutigt, ihre Fortschritte anzuerkennen und zu äußern, in welchem Maße sie ihren zu Beginn formulierten Therapiezielen nähergekommen sind. Aber auch das Nicht-Erreichte sollte im Hinblick auf Möglichkeiten, diese Ziele weiter zu verfolgen, diskutiert werden.

Auf die mögliche Gefahr von Rezidiven muss hingewiesen werden. Hierbei sollte die Selbstwirksamkeit der Patienten gestärkt werden, indem gemeinsam Strategien (Notfallplan) zur Rückfallprophylaxe entwickelt und schriftlich festgehalten werden. Dabei liegt wie in der gesamten IPT-LL Behandlung ein besonderes Augenmerk auf zwischenmenschlichen und psychosozialen Faktoren, welche protektiv oder risikoerhöhend wirken. Patienten sollten lernen, ihre Wahrnehmung für diese Faktoren weiterhin zu schärfen und mit den in der Therapie erlernten Strategien einem Rückfall vorzubeugen.

Auch Frühwarnzeichen einer Depression (z. B. Zunahme von Schlafstörungen oder Schwindelgefühlen) sollten individuell erfasst werden und z. B. in Form von Erinnerungskärtchen im Alltag präsent bleiben.

Nicht selten fühlen sich Patienten am Ende der Behandlung von diesen Aufgaben überfordert, reagieren mit einem »Aufflackern« von Symptomen. Hier ist Gelassenheit zu bewahren und zu betonen, dass Gefühle wie Besorgnis, Ängste oder Traurigkeit am Ende einer Behandlung vollkommen normal sind und keinesfalls ein Rückfall in die Depression bedeuten. Stand am Anfang der Behandlung die Krankenrolle im Vordergrund, sind es jetzt Autonomie und die individuellen Ressourcen:

»Viele Patienten erleben das Ende einer Behandlung als zu früh, trauen sich noch nicht zu, wieder allein in ihrem Alltag zurechtzukommen. Manchmal werden die depressiven Beschwerden sogar ein wenig schlimmer. Offenbar geht es Ihnen auch so, Sie hatten erwähnt, dass ihr (Symptom benennen) wieder etwas stärker geworden ist. Ich kann Ihnen aber versichern, dass solche Gefühle und Wahrnehmungen vollkommen normal sind und dass es keinesfalls eine Rückkehr der Depression bedeutet. Schließlich haben wir eine längere Zeit miteinander verbracht und Sie haben m.E. von der Therapie (bzw. dem stationären Aufenthalt) sehr profitiert. Vielleicht schauen Sie nochmal auf die Liste Ihrer Fortschritte, die wir erstellt haben. Da ist doch einiges zusammengekommen (Menschen neigen leider dazu, ihre Aufmerksam-

keit auf das Negative zu richten). Das Abschiednehmen fällt bekanntlich schwer, nicht nur für Sie, sondern auch für mich, da ich sehr gern mit Ihnen zusammengearbeitet habe. Lassen Sie uns abwarten, wie gut es Ihnen in den nächsten Wochen und Monaten geht, dann können wir immer noch entscheiden, ob eine Weiterbehandlung nötig ist. Aus meiner Erfahrung unterschätzen viele Menschen ihre eigenen Kräfte. Sie können mich aber natürlich anrufen, wenn »Not am Mann« ist und wir können gemeinsam überlegen was zu tun ist.«

Letztere Aussicht, d. h. die *Möglichkeit* den Therapeuten kontaktieren zu können, stellt eine wichtige Strategie zur Rezidivprophylaxe dar. Auch hier bieten IPT-Therapeuten eine sichere Basis, an die sich manche Patienten z. T. noch Jahre später erinnern und in Anspruch nehmen. Gerade für Ältere, die bei niedergelassenen Psychotherapeuten nicht die bevorzugte Klientel darstellen, eine beruhigende Botschaft.

Teil C Manual zur IPT-Late Life als Gruppentherapie (IPT-LLG)

4 Allgemeine Konzeption des Manuals

IPT-LL in der Gruppe kann in zwei verschiedenen Formaten stattfinden: Zum einen kann die Einzeltherapie um gruppentherapeutische Interventionen ergänzt werden, zum anderen ist sie aber auch ausschließlich im Gruppenformat durchführbar. Letzteres eignet sich insbesondere für den tagesklinischen und ambulanten Bereich oder für Kliniken mit begrenzten psychotherapeutischen Ressourcen.

Gruppenangebote für den gerontopsychiatrischen Bereich gibt es schon seit den 1990er Jahren. Zumeist handelte es sich um Konzeptionen aus der Kognitiven Verhaltenstherapie, wie z. B. Training sozialer Kompetenzen und/oder Aufbau positiver Aktivitäten. Generell wird die Nutzung kurativer Wirkfaktoren (z. B. Unterstützung, Modellernen, Altruismus) angestrebt, die in der Einzelarbeit nur begrenzt herstellbar sind.

Die Konzeption der IPT-LL im Rahmen eines Gruppensettings stand bisher noch aus, obwohl Schramm und Klecha bereits 2007 ein IPT Gruppenmanual (IPT-G) publizierten, das sich sowohl zur ambulanten als auch stationären Anwendung bei unipolar Depressiven eignet. Das hier vorgestellte Manual für Ältere lehnt sich zwar in Struktur und Inhalten der IPT-G an, weist aber eine Reihe von Modifikationen auf, die den Besonderheiten und Bedürfnissen von älteren Menschen mit Depression Rechnung tragen sollen. Das IPT-LL Gruppenprogramm, im Folgenden IPT-LLG genannt, besteht – wie die IPT-G nach Schramm und Klecha – aus vier Modulen mit jeweils drei bzw. vier Sitzungen. Insgesamt sind 16 Gruppensitzungen von 45-60-minütiger Dauer vorgesehen, die zweimal wöchentlich stattfinden. Diese Vorgabe ist aber nicht zwingend und kann dem gegebenen Setting angepasst werden. Die Gruppe im stationären Rahmen ist offen, d. h. neue Teilnehmer können jederzeit einsteigen, im ambulanten Setting wäre ein »geordneter Einstieg«, z. B. jeweils zu Beginn eines Moduls, optimal. Wird die IPT-LLG ausschließlich im Gruppenformat durchgeführt, gehen in der Regel zwei bis drei Einzelgespräche voraus, in denen der individuelle interpersonelle Problemfokus exploriert und das psychotherapeutische Vorgehen erläutert wird. Patienten werden zudem ermutigt, ihre interpersonellen Probleme (z. B. Einsamkeit) in der Gruppe anzusprechen und Lösungen zu erarbeiten. Das Einbeziehen von Angehörigen sollte möglichst früh stattfinden, um die Komplexität der Störung und den psychosozialen Kontext besser zu verstehen. Generell ist zu klären, inwieweit ältere Depressive in der Lage sind, einem Gruppengespräch zu folgen. Die klinische Erfahrung zeigt, dass kognitiv zu stark eingeschränkte oder Patienten mit wahnhaften Symptomen schnell in eine Außenseiterrolle geraten; dies sollte man ihnen (und der Gruppe) ersparen, sie in einem Vorgespräch aber darüber informieren. Auch narzisstische, paranoide oder andere (auffällige) Persönlichkeitstypen können eine konstruktive Gruppenarbeit sehr erschweren. Sie sollten aber keinesfalls zu früh »schemairritierend« angesprochen werden, sondern ihren Fall zunächst darstellen dürfen. Dem »Sog des Bestrafens« sollte in der Gruppe unbedingt widerstanden werden. Ein freundliches Hinterfragen oder (wenn nötig) Begrenzen, ist die erfolgversprechendere Alternative.

Die Bearbeitung von komplizierter Trauer wurde aus dem Gruppenformat herausgenommen, da im stationären Kontext davon auszugehen ist, dass die emotionale Belastung für die Gruppenmitglieder zu hoch sein dürfte.

Die IPT-LLG hat einen sehr edukativen und übungsorientierten Charakter und erfordert eine aktive Mitarbeit der Gruppenmitglieder. Die Übungen und Aufgaben zwischen den Sitzungen ergeben sich aus dem jeweiligen Sitzungsinhalt und sollten im alltäglichen Leben bzw. im Stationsalltag oder im Rahmen einer Belastungserprobung umzusetzen sein. Dieser Anspruch dürfte von älteren Depressiven nicht immer zu erfüllen sein, von daher wird er auch nicht als »Muss Regel« verstanden, sondern als Einladung, die in der Gruppe besprochenen Strategien im Hinblick auf ihre Wirksamkeit zu erproben.

Aufgrund des halboffenen Charakters der Gruppentherapie, entfällt bei der IPT-LLG in der Regel die offizielle Beendigungsphase und damit die klassische Gliederung in drei Phasen. Die Anfangsphase wird – sofern die IPT-LLG ausschließlich im Gruppenformat durchgeführt wird – auf zwei bis drei Sitzungen verkürzt und findet im Einzelgespräch statt. Sie beinhaltet das Erheben der Krankheitsvorgeschichte, der Beziehungsanalyse sowie eine Kurz-Informationen über Depressionen im Alter und die weitere Behandlung. Eine ausführlichere Aufklärung über das Krankheitsbild erfolgt danach in der Gruppe. Die Einzelgespräche werden mit dem Festlegen des Problembereiches in Form einer Therapievereinbarung abgeschlossen. Darüber hinaus wird abgeklärt, ob eine Gruppentherapie für Patienten geeignet ist bzw. ob sie »gruppenfähig« sind.

In den Gruppensitzungen werden die Problembereiche soziale Isolation/Einsamkeit, Rollenwechsel/Trauer um Verluste, und interpersonelle Auseinandersetzungen bearbeitet. Dabei sollen Strategien zur Bewältigung der interpersonellen Schwierigkeiten entwickelt und möglichst im Rollenspiel erprobt werden. Die IPT-LLG ist vorwiegend bewältigungszentriert und betont ressourcenorientiert.

4.1 Aufgaben der Gruppenleitung bei der IPT-LLG

Unabhängig vom Therapiesetting sollten IPT-LLG-Therapeuten in der Behandlung von Depressionen ausreichend Erfahrung und ein Training in IPT sowie in der Anwendung des IPT Gruppenkonzeptes durchlaufen haben (Weiterbildungsangebote unter www.IPT.AWP-Depression.de). Auch Kenntnisse über die Komplexität depressiver Störungen im Alter (s. Einführung) sind unabdingbar. Wie bei der herkömmlichen IPT sind IPT-LLG Therapeuten nicht neutral, sondern sie übernehmen eine Vielzahl von Aufgaben und Verantwortlichkeiten. Das (zu) sachliche oder monologische Dozieren am Flip-Chart sollte vermieden werden. Stattdessen sollte eine freundliche Atmosphäre hergestellt werden, die die Gruppenmitglieder ermutigt, an der Diskussion teilzunehmen und mit anderen ins Gespräch zu kommen. Im Sinne der komplementären Beziehungsgestaltung sollten die Gruppenleitung gelassen und wohlwollend bleiben, auch wenn die Gruppe sich schweigsam, klagend oder wenig engagiert zeigt. So kann ein beharrliches Schweigen als ein Depressionssymptom gewertet werden, das interpersonelle Konsequenzen hat (z. B. zu große Redeanteile seitens der Gruppenleitung) hat. Ob dies gewünscht ist, kann dann wiederum diskutiert werden, ebenso Alternativen zum »Schweigen im Walde«. Auf »Endlos-Monologe« oder Einschlafen könnte mit einem freundlichen Feedback reagiert werden (z. B. »ich frage mich gerade, was wir heute in der Gruppe tun können, damit Sie alle wach bleiben«). Durch didaktisches Geschick, Humor und Selbstöffnung lassen sich schwierige Gruppensituationen oft meistern oder zumindest abfedern.

»Ungewöhnliche, brisante Vorfälle« werden nach Yalom (2008) als »Wasser auf den interpersonellen Mühlen« gedeutet. In seinem Praxisratgeber »Richtlinien der Gruppenpsychotherapie« beleuchtet er alle wesentlichen Aspekte der stationären Gruppenpsychotherapie und bietet eine Vielzahl von Interventionsmöglichkeiten an. Diese sind auch für ältere Depressive gut anwendbar und bis heute aktuell.

4.2 Kurzbeschreibung des IPT-LL Gruppenmanuals (IPT-LLG)

Die Modifikationen für ältere Depressive betreffen folgende Bereiche:

- **Sitzungslänge**: deutlich verkürzt auf 45-60minütige Einheiten, um der begrenzten Aufmerksamkeitspanne gerecht zu werden
- **Module**: können flexibel gehandhabt und unterschiedlich gewichtet werden. So können die Inhalte des 1. Moduls, in dem es primär um den Umgang mit der depressiven Störung und den Symptomen geht, auf mehrere Sitzungen verteilt werden, z. B., wenn Gruppenmitglieder unter starkem Symptomstress stehen oder die Fähigkeit zur Selbstöffnung stark reduziert ist. Der interpersonelle Fokus geht dabei keineswegs verloren, da in der Regel auch die zwischenmenschlichen »Botschaften« und Folgen von Symptomen besprochen werden und viele der vorgeschlagenen Strategien »interpersonell« ausgerichtet sind.
- **Gruppenleitung:** sehr aktiv und direktiv, stets auf der freundlichen Seite, reagiert kreativ und gelassen auf schwierige Gruppensituationen, vermeidet Dozieren und Überforderung der Gruppe. Integriert Außenstehende, spricht direkt an, gibt häufig eine positive Rückmeldungen, darf sich auch (kontrolliert) persönlich einbringen.

- **Psychoedukation**: wesentlich häufiger als bei Patienten im mittleren Alter. Da Schriftmaterial in Form von Arbeitsblättern oft nicht durchgearbeitet wird, findet Psychoedukation zu Depressionen und psychosozialen Themen in nahezu allen Modulen statt.
- **Krankenrolle**: aktiver Part muss deutlicher vermittelt werden, da ein biologisches Krankheitsmodell unter älteren Menschen noch sehr verbreitet ist. Prinzip der aktiven Mitarbeit am Genesungsprozess (was nicht nur ein »Befolgen« des Wochenplans und Einnahme der Medikamente beinhaltet) sollte erläutert werden.
- **Symptommanagement**: wesentlich intensiver, da insbesondere die somatischen Beschwerden (psychisch und organisch bedingt) und organische Erkrankungen in der Behandlung Älterer einen größeren Raum einnehmen. Auch sind auf die begrenzteren Möglichkeiten älterer Menschen, z. B. im Hinblick auf Mobilität und Bewegung, Rücksicht zu nehmen.
- **Problembereiche**: werden altersspezifisch definiert, z. B. Einsamkeit nicht als Versagen oder Persönlichkeitsdefizit, sondern als realistisches Altersproblem, Älterwerden als potenziell problematischer Rollenübergang. Ehe- und Familienkonflikte als Ausdruck einer eng mit dem Alter assoziierten Überforderungssituation oder alter, unbewältigter Kränkungen und Krisen (sog. alter Wunden).
- **Therapieziele**: Notwendigkeit von konkreten, realistischen Therapiezielen muss mehr verdeutlicht werden; in *allen* Therapiemodulen!
- **Einbezug anderer Berufsgruppen**: ist enger; so können einzelne Module auch an andere Berufsgruppen abgegeben/delegiert werden (z. B. Symptommanagement an die Pflege, das Ärzteteam, Information über Wohn- und Unterstützungsmöglichkeiten im Alter an den Sozialdienst).
- **Generell**: Akzeptanz von Grenzen in der Gruppenpsychotherapie Älterer, d. h. auch eine Akzeptanz von schwierigen Gruppenkonstellationen (z. B. durch Vielredner, Schweigsame, Unaufmerksame, Feindselige, Schläfrige, Vorbeiredende, Angeber, Symptomfixierte, Schwerhörige usw.).

4.3 Durchführung der IPT-LLG

Zunächst eine Kurzdarstellung der einzelnen Module:

Modul I (3–4 Sitzungen):

- Auseinandersetzen mit der Depression (Psychoedukation, Krankenrolle, Symptommanagement)

Modul II (4 Sitzungen):

- Interpersonelle Grundfertigkeiten (soziales Netz aufbauen)

Modul III (4 Sitzungen):

- Rollenwechsel und Betrauern von Verlusten (Anpassung an Lebensveränderungen)

Modul IV (4 Sitzungen):

- Interpersonelle Konflikte (nicht vermeiden, Kommunikationsfertigkeiten, Umgang mit Emotionen)

Die Reihenfolge der Module ist nicht zwingend vorgegeben, sie hängt vom Niveau bzw. der Zusammensetzung der Gruppe ab. Bei eher niedrigem Niveau, d. h. symptomatisch sehr Beeinträchtigten, ist das Modul I (Umgang mit der Krankheit Depression) sicher geeigneter als das relativ anspruchsvolle Modul IV (Umgang mit Konflikten). Hier ist von Seiten der Gruppenleitung Sensibilität und Expertise gefragt, d. h. welches Modul oder Sitzungsthema bei einem Termin »machbar« erscheint, oder welches aufgrund von zu hohen Anforderungen an die Gruppe auf einen späteren Zeitpunkt verschoben werden sollte.

4.3.1 Modul I (3–4 Sitzungen): Auseinandersetzung mit der Depression

Ziele des Moduls

- Krankheitsbild und Behandlungsmöglichkeiten besser verstehen

Sitzung 1

Lernziele der Sitzung

- Die Vielfalt depressiver Symptome kennenlernen
- Durch eine aktive Krankenrolle Einfluss auf die Beschwerden nehmen

Begrüßung und Einführung

Üblicherweise beginnen viele Gruppentherapien mit einem »Blitzlicht«, in dem die Teilnehmer ihre momentane Befindlichkeit zum Ausdruck bringen. Gerade im stationären Bereich sind viele Patienten aber schwer depressiv, wenig kommunikativ, verlangsamt und bzgl. Konzentration und Gedächtnis beeinträchtigt, sodass dies eine Überforderung darstellen kann. Nicht wenige Menschen erleben ein Äußern vor der Gruppe als angstvoll oder schambesetzt. Da Rückmeldungen über das Befinden selten positiv ausfallen, bieten sich zu jeder Sitzung kurze, orientierende Einführungen durch die Gruppenleitung an:

> *»Guten Tag, ich begrüße Sie alle zur heutigen Depressionsbewältigungsgruppe, ich bin/heiße... und wir treffen uns ja 2x die Woche für ca. 45 Minuten hier in diesem Raum. Unsere Gruppe soll Ihnen helfen, Ihre Depression und die damit zusammenhängenden Beschwerden besser zu verstehen. Sie können in dieser Gruppe lernen, wie Sie mit Ihren Symptomen und Problemen besser zurechtkommen. Eine Depression hat bekanntlich ›viele Gesichter‹ und bedeutet nicht nur schlechte Stimmung. Im Alter kommt oft noch eine Vielzahl von körperlichen Beschwerden hinzu. Ich würde gern die heutige Stunde dafür nutzen, dass wir mal zusammentragen, welche Symptome es gibt und welche Sie derzeit am meisten belasten.«*

Die Gruppenmitglieder werden nun reihum gebeten, die Symptome zu benennen, die sie bei sich als Krankheitszeichen in der Depression wahrnehmen (z. B. Verlust von Interesse, Unruhe, Schlafstörungen, Antriebslosigkeit, Ängste, Gedächtnisstörungen etc.). Diese werden auf ein Flip-Chart notiert, bis das Krankheitsbild ausreichend beschrieben ist. Sollte es sich um eine Gruppe mit höherem Niveau handeln, z. B. im tagesklinischen Setting, empfiehlt es sich, eine Tabelle an das Flip-Chart zu zeichnen, und nach verschiedene Symptombereiche/Kategorien zu unterscheiden, wie z. B. körperliche Beschwerden, Verhaltensänderungen, emotionale und geistige Veränderungen oder sonstigen Symptome.

> *»Die Erkrankung ›Depression‹ äußert sich auf mehreren Ebenen, und nicht nur – wie viele glauben – bzgl. der Stimmung. Wir sammeln jetzt, woran Sie gemerkt haben, dass Sie depressiv sind. Lassen Sie uns gemeinsam die einzelnen von Ihnen genannten Symptome in die am Flip-Chart aufgeschriebenen Kategorien einordnen. Wie Sie sehen, kommen bei Depressionen sehr unterschiedliche Symptome vor, im Alter auch vermehrt körperliche Beschwerden. Deswegen werden sie manchmal gar nicht als Depressionen erkannt. Trotz dieser sehr unterschiedlichen Ausprägung, Herr B., Sie hatte berichtet, dass Ihr Schlaf extrem gestört sei und bei Ihnen, Frau S., sind es starke Gesundheitsängste, sprechen wir von einer Erkrankung, der Depression. Ist das für Sie alle nachvollziehbar, oder hat jemand eine andere Meinung dazu?«*

Durch Befragen der Gruppe nach den persönlichen Erfahrungen mit der Depression, kann verdeutlicht werden, dass eine bestimmte Anzahl, Dauer und Intensität der Symptomatik notwendig ist, um von einer depressiven Erkrankung zu sprechen. Es kann sehr hilfreich sein, den Unterschied zwischen einer Depression (als Krankheit) und einer momentanen Verstimmung, Belastung oder »schlecht drauf sein« herauszustellen. Falls Patienten ihre Erkrankung leugnen oder eine andere Erklärung für ihren Zustand haben (z. B. »etwas im Kopf« zu haben), sollte das ebenfalls diskutiert werden. Steckt eine Demenzangst dahinter oder die Sorge als psychisch Kranker für »verrückt« gehalten zu werden. Die Stigmatisierung Depressiver als faul, willensschwach oder sich gehen lassend bietet sich gut für eine Gruppendiskussion an:

> *»Depressionen sind in der Bevölkerung zwar als Erkrankung mehr akzeptiert als in früheren Zeiten, es gibt jedoch immer noch sehr viele Vorurteile oder negative Kommentare, z. B., dass man sich einfach mehr zusammenreißen sollte. Haben Sie schon so eine Erfahrung in Ihrem Umfeld gemacht? Und wenn ja, wie gehen Sie damit um? Sprechen Sie über Ihre Erkrankung oder versuchen Sie solchen Diskussionen aus dem Weg zu gehen? Wie könnte und was könnte man sagen? Was haben Sie selbst früher über depressive Menschen gedacht?*

Bei diesem Thema bietet sich folgende Übung an, z. B. sich in Zweiergruppen zusammentun und ein Gespräch über Depressionen oder den Aufenthalt in der Klinik führen. Die Patienten können somit erproben, wieviel Selbstöffnung für sie gut ist, was sie dabei empfinden und wie sie die Reaktion des anderen erleben. Bekommen sie das, was sie sich gewünscht haben (z. B. Verständnis?), haben Sie dieses Bedürfnis auch ausgedrückt? Wenn nein, woran könnte es liegen? Erwartet man etwa, dass andere es doch merken müssten, was man braucht?

Die Übung ermöglicht auch einen Perspektivwechsel in dem Sinne, dass es für Bezugspersonen nicht immer einfach ist, die passenden Worte oder Gesten zu finden. Häufig fühlen sie sich überfordert und hilflos. Gerade bei länger andauernder Depression kann die zunehmende Selbstzentriertheit zu interaktionellen Missverständnissen führen, von daher lohnt es sich, gängige Stereotypen von Depressiven über die »Welt der Gesunden« zu hinterfragen (»das versteht man eh nicht, wenn man es nicht selber gehabt hat, es kann einem so und so keiner helfen, andere sind doch nur neugierig, tratschen alles weiter« etc.).

> *»Sind die meisten Menschen wirklich nur neugierig?« Ist Neugier nicht auch ein normales menschliches Verhalten? Könnte man es auch als Interesse sehen? Was wissen Sie z. B. über Ihre Nachbarschaft und entfernte Bekannte? Haben Sie sich früher auch für die Belange anderer interessiert, z. B., wenn jemand schwer erkrankt oder gestorben ist?«*

Ein Vorteil des Vorgehens ist, dass Patienten aus ihrem Alltag Erfahrungen austauschen können und die interpersonelle Seite der Depression schon in den ersten Sitzungen hervorgehoben wird.

Die Krankenrolle erklären

Älteren Menschen wird zuweilen unterstellt, dass sie eine passive Heilungserwartung haben. Um solchen Klischees entgegenzuwirken, empfiehlt sich eine Gruppendiskussion über die Krankenrolle in der Depression. So bedeutet Kranksein (im psychischen Bereich), dass man vorübergehend von sozialen Verpflichtungen und Routinen befreit ist, Verständnis und Unterstützung erwarten darf, aber auch die Verpflichtung eingeht, im Rahmen der eigenen Möglichkeiten aktiv am Genesungsprozess mitzuarbeiten.

Der Unterschied zwischen einer traditionell eher passiven Krankenrolle bei somatischen Erkrankungen (z. B. im Bett liegen bei einer Lungenentzündung, Medikamente einnehmen, auf Besserung warten) und der aktiv-bewältigenden Krankenrolle bei der Depression (z. B. Aktivitätsaufbau, Bewegung) wird herausgearbeitet. Der Unterschied der passiven und aktiven Krankenrolle kann auch durch ein Bild oder eine Grafik verdeutlicht werden (s. anhand des folgenden Beispiels am Flipchart: ein Bett skizzieren, in dem ein Patient mit gebrochenem Bein liegt; dieses Bild dann rot durchstreichen und stattdessen die Aktivitäten eines depressiven Patienten darstellen).

Bei der Gruppendiskussion können Argumente geäußert werden wie z. B. »wenn es einem so schlecht geht, kann man sich nur ins Bett zurückziehen« oder »bei mir hilft das alles nicht, ich brauche das richtige Medikament«. Hier ist Gelassenheit zu bewahren und das Therapierationale weiterverfolgt werden. Additiv bietet sich auch Psychoedukation zum Thema »negative Gedanken und Annahmen oder Misserfolgserwartung« bei Depressionen an.

»Ich kann verstehen, dass sich einige von Ihnen am liebsten ins Bett zurückziehen möchten, es zu Hause auch oft tun. Man kann dies als »depressive Bettflucht« oder Rückzug in die Höhle (in der Hoffnung, dass es draußen irgendwann besser wird) bezeichnen. Leider hilft das Abwarten in der Regel nicht bzw. macht der Rückzug noch alles schlimmer. Daher versuchen wir Sie zu unterstützen, wie Sie wieder eine normale Tagesstruktur aufbauen können. Dabei sollte man sich weder unter- noch überfordern. Was erleben Sie diesbezüglich in ihrem (Stations-) Alltag als hilfreich? Wer oder was könnte Ihnen beim Einhalten einer sinnvollen Tagesstruktur noch helfen?

Einige von Ihnen sind vielleicht der Meinung, dass es ohnehin nichts bringt, dass man einfach nichts machen kann. Was meinen Sie, was hat es für Folgen, wenn man sich den ganzen Tag sagt ›das bringt doch eh nichts‹? Hätten Sie früher auch so gedacht, wenn Sie eine schwierige Aufgabe zu meistern hatten? Würde z. B. ein Fußballtrainer vor einem schweren Gegner seinen Spielern sagen ›das schafft ihr eh nicht?‹. Sicherlich nicht, es ist also wichtig, diese negative, innere depressive Stimme etwas im Zaum zu halten.

Was könnten Sie sich also sagen, wenn die Bezugspflege oder ein Angehöriger Sie bittet, aufzustehen und sich auf das Ergometer zu setzen?«

Sitzung 2–3 (oder im stationären Rahmen ggf. mehr)

Lernziele der Sitzung

- Kennenlernen und Anwenden konkreter Bewältigungsstrategien
- Abbau von subjektiv erlebter Unkontrollierbarkeit depressiver Beschwerden

Symptommanagement

Die Vermittlung der Krankenrolle ist Voraussetzung dafür, dass Patienten bei der aktiven Bewältigung ihrer depressiven Beschwerden mithelfen, um wieder Kontrolle zu erlangen. Durch das sog. Symptommanagement werden depressive Menschen ermutigt, verschiedene Strategien in Bezug auf ihre Symptome anzuwenden und zu evaluieren. Aufgrund der Vielzahl möglicher Symptome können an dieser Stelle nicht alle thematisiert werden, auch eignen sich manche Symptome weniger für das Gruppensetting (z. B. Wahn, Suizidgedanken, sexuelle Störungen, gastrointestinale Beschwerden). Sie sollten zwar als Zeichen einer Depression erwähnt werden, aber besser im Einzelkontakt ausführlich besprochen werden (▶ Kap. 3.1.5). Im stationären Kontext wird das Pflegepersonal in der Regel in das Symptommanagement eingebunden; im ambulanten Kontext werden Patienten oft von ihren Bezugspersonen unterstützt, wobei es hier leicht zu Überforderungssituationen kommen kann. Das »Symptommanagement« sollte nicht zu theoretisch, sondern »erfahrungsorientiert« (z. B. durch Achtsamkeits- oder Imaginationsübungen, Rollenspiele, Bewegungstraining) durchgeführt werden. Es kann bei schwerer symptomatisch belasteten Patienten, z. B. im Kliniksetting, mit Hilfe der Bezugspflege über den gesamten weiteren Verlauf der stationären Behandlung fortgesetzt werden.

»Guten Tag, ich begrüße Sie alle zur heutigen Depressionsbewältigungsgruppe, Unsere Gruppe soll Ihnen helfen, Ihre Depression (oder auch Ängste) besser zu verstehen und insbesondere wie Sie mit Ihren Beschwerden und Problemen besser zurechtkommen können. Heute möchte ich auch unsere neuen Teilnehmer begrüßen, Herrn… und Frau …. Möchten Sie sich kurz vorstellen oder erst einmal nur dabei sein und zuhören? Mag jemand aus der Gruppe vielleicht aus der Patientensicht berichten, was hier in der Gruppe passiert?«

»Heute möchte ich gern das Thema »Umgang mit depressiven Beschwerden« besprechen. Wir hatten ja in der letzten/vorletzten Sitzung gesammelt, welche Symptome bei Depressionen vorkommen können. Wir wollen natürlich nicht nur über Symptome reden, sondern auch überlegen, was man dagegen tun kann. Welches Symptom sollen wir uns heute vornehmen, vielleicht eines, das viele gut kennen und sehr viel Leid verursacht?«

Falls kein Vorschlag kommt, kann ein Thema vorgegeben werden, z. B. Schlafstörungen. Diese sind nicht nur ein Symptom der Depression, sondern können diese auch auslösen. Pro Sitzungen können 1-3 Symptome besprochen werden. Aus den folgenden Symptomkomplexen kann auch eine Auswahl getroffen werden.

Psychoedukation über Schlafstörungen:

»Unser Schlaf unterliegt gewissen Regeln. Eine dieser Regeln besagt, dass konstante Schlafzeiten für guten Schlaf förderlich sind. Leider ändert sich der Schlaf mit zunehmendem Alter und vor allem während einer Depression sehr deutlich. So haben depressive Menschen viel mehr Wachzeiten als gesunde Ältere, sie wachen i. d. R. auch zu früh auf und können dann oft nicht mehr einschlafen. Kennen Sie das aus Ihrer eigenen Erfahrung.

Auch der Tiefschlaf ändert sich mit zunehmenden Alter, er wird weniger und der »leichte Schlaf« nimmt zu. Viele ältere Menschen klagen über einen gestörten Schlaf und greifen zu Schlafmitteln, die Verordnung entsprechender Medikamente nimmt entsprechend zu. Es liegt aber oft nicht an den altersbedingten Veränderungen, sondern an der Zunahme von medizinischen Begleiterkrankungen oder der Einnahme von Medikamenten. Viele Ältere gehen (aus Mangel an Aktivitäten) zu früh ins Bett und wundern sich, dass sie nicht einschlafen oder nachts nicht mehr durchschlafen können. Die unrealistische Einstellung, auch im Alter genauso gut und lange schlafen zu können, wie in jüngeren Jahren, kann ebenfalls zu Schlafstörungen beitragen.

Hat jemand von Ihnen schon ein (ärztlich) verordnetes Schlafmittel genommen? Hat es Ihnen geholfen? Leider machen diese Mittel oft abhängig, was sehr leidvoll und auch unnötig ist. Es gibt nämlich Alternativen, z. B. schlafanstoßende bzw. -unterstützende Antidepressiva, die nicht zu Abhängigkeit führen. Wer von Ihnen bekommt diese Medikamente? Helfen Sie Ihnen? Ich würde heute mit Ihnen besprechen, was sie sonst noch tun können, um Ihre Schlafstörungen besser in den Griff zu bekommen. Es gibt da einige Maßnahmen, die Ihnen helfen könnten. Ich habe das hier mal am Flipchart zusammengefasst:

- Sie sollten **möglichst wenig Tagesschlaf** haben, wenn möglich ganz auf Tagesschlaf (incl. kleiner Nickerchen) verzichten. Stattdessen eher entspannt im Sessel ruhen. Falls es schwer einzuhalten ist, dürfte jemand vom Pflegeteam Sie daran erinnern?
- Sie sollten **möglichst spät ins Bett gehen** und morgens und unabhängig vom Zeitpunkt des Einschlafens, früh aufstehen, **auf keinen Fall ausschlafen!** Planen Sie abendfüllende Aktivitäten ein (z. B. einen kleinen Abendspaziergang). Was könnte man abends auf der Station oder wenn Sie daheim sind tun? Viele ältere Menschen gehen, da sie abends nichts vorhaben, einfach viel zu früh ins Bett.
- **Einstellung zum Schlaf verändern**, d. h. zu hohe Erwartungen an den Schlaf abbauen (z. B. »ich möchte unbedingt durchschlafen können«).
- Sie sollten **nicht mehr Zeit im Bett verbringen als nötig** bzw. als Ihre tatsächliche Schlafzeit. Je kürzer Sie Ihre Bettzeit halten, desto besser! Wenn Sie

sich dabei ertappen, dass Sie grübeln oder unter starker Unruhe leiden, stehen Sie besser auf und tun irgendetwas anderes (z. B. sich einen Tee zubereiten, aber bitte nichts Aufregendes!).
- Versuchen Sie **gelassen** zu **bleiben** auch wenn es mit dem Schlaf nicht klappt, wenn Sie sich aufregen oder häufig auf die Uhr schauen, werden Sie eher wacher!
- Man kann nichts erzwingen, **Schlafstörungen gehören zu Depressionen** wie der Schnupfen zu einer Erkältung. Bitte haben Sie **Geduld**, bis die medikamentösen und psychologischen Maßnahmen ihre Wirksamkeit entfalten! Wie könnte eine Selbstberuhigung aussehen?

Es kann natürlich nicht der komplette Text an die Tafel geschrieben werden, sinnvoller ist es die markierten Sätze/ Begriffe aufzuführen und zu ergänzen bzw. zu erläutern.

> *»Jetzt haben wir eine Reihe von Strategien kennengelernt, haben wir noch was vergessen? Haben Sie noch eine Idee oder gar ein ›Hausrezept‹?«*

Zuweilen werden hier »Schäfchen zählen« oder ein »Viertele« trinken genannt. Dies kann etwas zur Erheiterung beitragen und die Strenge aus der Psychoedukation nehmen. Schäfchen zählen könnte aber auch als Beispiel für eine Aufmerksamkeitsumlenkung aufgeführt werden. Dass Alkohol für den Schlaf und die Depression nicht förderlich ist, sollte aber unbedingt erwähnt werden.

Am Ende wird die Gruppe aufgefordert, eine Strategie zu erproben, hilfreich ist es auch zu fragen, welche Erkenntnis aus dieser Stunde mitgenommen werden.

Traurigkeit, negative Stimmung

> *»Eine massive Stimmungsverschlechterung gehört zu den Hauptsymptomen einer Depression, aus diesem Grund gibt es auf manchen Depressionsstationen ein »Stimmungsbarometer«, wo man eintragen muss, wie gut oder schlecht die Stimmung gerade ist. Wo würden Sie ihre momentane Stimmung auf einer Skala von 0 (ganz schlecht) bis 10 (gut) einschätzen? Vielleicht sagt jeder kurz eine Zahl. Okay, offenbar ist die allgemeine Stimmungslage eher gedrückt. Lassen Sie uns von daher überlegen, was Sie dazu beitragen können, um Ihre Stimmung zu verbessen. Was halten Sie von depressionsentlastenden oder ablenkenden Aktivitäten, welche könnten das sein?*

Ein häufiges Gegenargument ist, dass man zu nichts Lust hat oder dass derzeit überhaupt nichts Freude bereitet bzw. die Stimmung aufhellt. Anders ausgedrückt, fühlen sich Patienten ganz in den Fängen der Depression. Hier wäre es sinnvoll, den Patientenratgeber »Mein schwarzer Hund« (Johnstone 2008) einzuführen, der auf einfache und ansprechende Weise (in Bilderbuchformat) das Störungsbild Depression erklärt und vor allem Hinweise gibt, wie man den »schwarzen Hund« (= Depression) an die Leine legen kann. So könnten erfreuliche Aktivitäten, als <u>eine</u> Option, dazu beitragen, dass der schwarze Hund, in diesem Fall die Stimmung, etwas besser wird. Auch ist darauf hinzuweisen, dass es in der Depressionsbewältigung weniger um Lust oder Spaß geht, sondern um die Frage, »was macht Sinn?« So könnte die morgendliche Stuhl- oder Seniorengymnastik in der Gruppe zur leichten Stimmungsverbesserung beitragen, obwohl sie keinen großen Spaß gemacht hat. Vielleicht könnte sie aber auch zu der Erkenntnis führen, dass es in der Gruppe bessergeht, es gar nicht so banal ist, wie man vermutet hat und man es vor allem geschafft hat.

Hoffnungslosigkeit

> *»Leider ist Hoffnungslosigkeit eine sehr mächtige Stimme der Depression und sie wird umso stärker, je mehr Sie von Ihrem Behandlungsverlauf enttäuscht sind. Viele Patienten erwarten, dass es ihnen nach der stationären Aufnahme oder nach der Einnahme von Medikamenten bald bessergeht. Ich habe hier schon sehr oft den Satz gehört: ›Ich mache doch das ganze Programm mit, warum geht es mir nicht besser?‹ Leider sind die Krankheitsverläufe sehr unterschiedlich und es gibt Faktoren, die eine schnelle Genesung erschweren (wie z. B. eine zusätzliche Erkrankung, Medikamentenunverträglichkeit oder eine äußerst schwierige Lebenssituation). Manchmal kommt es nach einer Besserung wieder zu einem ›Einbruch‹, auch das ist bei dem Krankheitsbild Depression ›normal‹. Wir besprechen hier in der Gruppe mehr die allgemeinen Gründe, Ihre persönlichen sollten Sie in den Einzelgesprächen klären. Auch dies kann helfen, Ihre Hoffnungslosigkeit zu verringern. Ich kann Ihnen aber versichern, dass jede Depression sich bessert oder abschwächt* (Expertenstatus!). *Wir appellieren hier ausdrücklich an Ihre Geduld, eine Art kleine Schwester der Hoffnung! Ungeduld, d. h. sich und anderen Druck zu machen, hilft leider wenig. Lassen Sie uns überlegen, wie man Hoffnung und Geduld aufrechterhalten kann.*
>
> *Ich fasse an der Tafel mal zusammen, was bei Hoffnungslosigkeit helfen könnte und welche der Strategien Sie einmal ausprobieren könnten?«*

- Sich an vergangene depressive Episoden erinnern, die wieder vorbeigingen
- Auf W-Fragen (»warum wird es nicht besser, wieso habe ich es überhaupt, wann wird es endlich besser…«) verzichten
- Hilfreiche Selbstgespräche führen (ggfs. demonstrieren oder in der Gruppe erarbeiten). So könnte der Satz »Oh Gott, wie soll ich den Tag rumkriegen« an das Flipchart geschrieben und die Teilnehmer gebeten werden, ihn so umzuformulieren, dass er weniger hilflos macht.

Beim Thema »Geduld« könnte auch ein Exkurs zu geschlechtsspezifischen Verhalten/ Stereotypen gewagt werden. Fällt es Männern, die mehr an »Machbarkeitsprinzipien« oder einer »Baumarkt Mentalität« (»Geht nichts, gibt's nicht«) festhalten, schwerer, sich in Geduld und Akzeptanz der begrenzten Kontrollierbarkeit zu üben? Dies macht insbesondere Sinn, wenn viele Männer in der Gruppe sind und die Frage diskutiert werden kann, ob Männer »anders depressiv«

sind oder es eine »Männliche Depression« gibt (s. a. gleichnamiges Buch von Wüstel 2018).

Ängste, innere Unruhe, somatische Beschwerden

> *»Ängste, innere Unruhe und körperliche Beschwerden (z. B. Verdauungsprobleme, Schmerzen, Schwindel, Blutdruckkrisen) können ebenfalls mit Depressionen einhergehen. Körper und Seele hängen eng zusammen, was schon aus den alten Sprichwörtern ersichtlich wird, wenn z. B. etwas auf den Magen schlägt, einem das Herz bricht oder an die Nieren geht. Ängste haben die Angewohnheit sich auszubreiten, können das Leben immer mehr einschränken. Im Alter scheinen die Angst, dass eine Krankheit immer schlimmer wird und die Angst zu stürzen sehr häufig vorzukommen. Wer von Ihnen kennt diese Ängste und wie gehen Sie damit um? Was ist Ihre ›schlimmste Angst‹?*
>
> *Ich würde das Thema Angst und körperbezogene Ängste heute gerne vertiefen und Ihnen zunächst etwas über den Teufelskreis der Angst und über das vegetative Nervensystem erzählen.«*

An dieser Stelle empfiehlt es sich mit Materialen aus den gängigen Angstmanualen zur arbeiten (z. B. Therapietools Angst, Hagena und Gebauer 2014), um somit den Zusammenhang zwischen verstärkter Selbstbeobachtung, dysfunktionalen Annahmen und Verhaltensweisen zu verdeutlichen. Auch die Funktion des autonomen Nervensystems und die Bedeutung in der Entwicklungsgeschichte des Menschen kann erörtert werden. Mithilfe kleiner Experimente, z. B. Teilnehmer bitten, die Herzfrequenz zu erhöhen, kann der Unterschied zwischen autonomem (vegetativen) und willkürlichem Nervensystem verdeutlicht werden. Die beiden Gegenspieler Sympathikus und Parasympathikus können ebenfalls erwähnt werden, z. B. im Hinblick auf Angstreduktion. Hilft es wirklich, wenn ich ständig meinen Blutdruck kontrolliere? Welches System wirkt aktiviert?

> *»Ich würde mit Ihnen jetzt gern überlegen, was bei Ängsten, innerer Anspannung und körperlichen Beschwerden helfen könnte, ich halte man am Flip-Chart fest:*

- Atem- und Entspannungsübungen (wer hat Erfahrung damit?)
- Ablenkung (womit?)
- Ängste anerkennen, nicht dagegen ankämpfen
- Sich selbst beruhigen (wie?) statt Katastrophisieren
- Bewegung (z. B. Ergometer, Walking), um Spannung abzubauen
- Herausfinden, was Ängste/Anspannung auslöst

Wichtig ist, dass die Strategien mit »Leben gefüllt« werden, d. h. dass gemeinsam überlegt wird, wie eine Selbstberuhigung aussehen kann, sich »anfühlt«, überzeugend ist und ob die Anwendung realistisch ist. Man könnte die Gruppe z. B. bitten, sich eine angstauslösende Situation vorzustellen (z. B. die Oberarztvisite, bei

Älteren oft angstbesetzt) und dieser mit der gewählten Beruhigungsformel zu begegnen.

Sollte ein Gruppenmitglied offensichtlich unter Unruhe leiden, könnte folgende Intervention helfen, eine Strategie »vor Ort« für alle erfahrbar zu machen.

»*Herr B., ich habe den Eindruck, dass diese Thematik Sie auch gerade betrifft. Wären Sie einverstanden, dass wir bei Ihnen eine Strategie erproben? Was halten Sie davon, wenn wir jetzt gemeinsam ein Lied singen (einen kleinen Spaziergang machen, eine Atemübung machen etc.) und dann schauen, was es mit uns allen macht?*«

Antriebs- und Energielosigkeit, Inaktivität

Diese Symptome sind oft mit einem starken Rückzug und Inaktivität verbunden, die selbst unter stationären Bedingungen nicht einfach aufzulösen sind. Sätze wie »ich kann nicht« oder die Einschätzung, nicht aufstehen zu können, sind typisch für schwer depressive Menschen. Mobilitätsprobleme, z. B. durch Übergewicht, Schmerzen, orthopädische Syndrome oder neurologische Erkrankungen verursacht, führen zu weiteren Einschränkungen. Ein Teufelskreis ist vorprogrammiert. Hier ist das Prinzip der »ganz kleinen Schritte« indiziert.

»*Es freut mich, dass Sie alle trotz Ihrer Antriebsstörung heute zur Gruppe gekommen sind. Wie haben Sie das geschafft?*« *Meist wird angemerkt, dass es auf dem Wochenplan steht, den man bemüht ist, einzuhalten.*

»*Offenbar ist es wichtig, etwas zu haben, was einen »aus dem Bett treibt«. Dazu möchte ich Ihnen gern eine kleine Geschichte erzählen. In Japan gibt es eine Insel, auf der die Menschen ungewöhnlich alt werden, sie wird auch die »Insel der Hundertjährigen« genannt. Die Forschung hat sich dafür interessiert, warum das so ist und man ist zu der Erkenntnis gekommen, dass es nicht nur an der gesünderen Ernährung liegt, sondern auch daran, dass dort auf Gemeinschaft und gemeinschaftliche Aktivitäten (incl. Fürsorge füreinander) sehr großen Wert gelegt wird. Einen Ruhestand kennen die Einwohner nicht, sie haben offenbar immer etwas, für das es sich lohnt, aufzustehen*«.

Wenn wir das nun auf Ihre jetzige Situation, aber auch die daheim übertragen, durch welche Aktivitäten lässt sich Ihre Antriebsstörung abmildern? Bei welchen Aktivitäten fühlen Sie eine gewisse Erleichterung? Was passiert, wenn Sie der depressiven Stimme nachgeben und im Bett liegen bleiben?

Ich würde Ihnen gern eine Hausaufgabe dazu aufgeben. Wie wäre es, wenn Sie in den nächsten Tagen es den Bewohnern der Insel gleichtun und sich mit Mitpatienten zu gemeinschaftlichen Aktivitäten (z. B. gemeinsam Spazierengehen, walken, einkaufen, etwas spielen etc.) verabreden? Wer würde sich morgen früh einer kleinen Gehgruppe anschließen? Herr B. ich sehe Sie morgens oft im Garten, würden Sie jemanden mitnehmen?«

Im ambulanten Setting könnte die Gruppe ermutigt werden, sich auch außerhalb des Therapiesettings zu gemeinschaftlichen Aktivitäten zu treffen (z. B. gemeinsames Walken).

Kognitive Störungen

Gedächtnisstörungen werden bei Depressionen im Alter besonders häufig beklagt. Neben objektivierbaren Defiziten, z. B. in Aufmerksamkeits- und Gedächtnistests oder bei Aufgaben, die eine gewisse Anstrengungsbereitschaft erfordern, gibt es oft ausgeprägte Ängste, eine Demenz zu entwickeln. Laut einer Forsa Umfrage in NRW für die DAK-Gesundheit (2015) fürchtet sich jeder zweite Deutsche vor einer Demenz, bei Älteren sind die Sorgen besonders ausgeprägt und vergleichbar mit der Angst vor einer Krebserkrankung. Psychoedukation ist bei diesem Symptom zwingend notwendig. Die Gruppe sollte aufgeklärt werden, dass Gedächtnis- und Konzentrationsstörungen, mitunter auch Wortfindungsstörungen, zu depressiven Symptomen zählen und dass sie keinesfalls den Beginn einer Demenz markieren müssen. Zur Entlastung könnte noch angemerkt werden, dass Menschen mit einer Demenzerkrankung in der Regel nicht über kognitive Störungen klagen, selbst wenn diese für andere offensichtlich sind. Verleugnung und Bagatellisierung sind demenztypische Reaktionen, Depressive übertreiben hingegen das Ausmaß der Defizite. Dennoch sind kognitive Störungen ernst zu nehmen, zumal sie Insuffizienzerleben und Versagensängste verstärken.

»Gedächtnisstörungen sind bei Depressionen im Alter ein besonders hartnäckiges Symptom. Sie bessern sich zwar nach Abklingen der Depression, können aber längere Zeit danach noch bemerkbar sein. Die gute Nachricht ist, dass es sich in den meisten Fällen um keine Demenz handelt, auch wenn dies manche von Ihnen vielleicht befürchten; jeder 2. ältere Deutsche befürchtet das übrigens auch. Wenn Sie oder Ihre Angehörigen einen ernsthaften Verdacht haben, sollten Sie dies bitte bei Ihren Sie behandelnden Ärzten ansprechen. Es gibt verschiedene Ursachen, die für die von Ihnen wahrgenommen Defizite verantwortlich sind. So sind depressive Menschen oft mit negativen Gedanken und Sorgen oder körperlichen Beschwerden beschäftigt und nehmen neue Information weniger auf. Auch Hörprobleme erschweren die Informationsverarbeitung im Gehirn. Hören Sie mich eigentlich gut? Antriebs- und Energielosigkeit oder Rückzug können dazu führen, dass man auch geistig immer inaktiver wird. Wenn man sich das Gehirn wie einen Muskel vorstellt, dann verliert er Leistungskraft, wenn man ihn nicht trainiert. Geistige Aktivitäten halten den Hirnstoffwechsel auf Trab. Sie sollten sich in der Depression nicht über- aber auch nicht unterfordern. Kreuzworträtsel lösen z. B. fordert nur das Altgedächtnis, das wäre etwas zu einseitig. Lassen Sie uns mal zusammenstellen, was man gegen die Gedächtnisstörungen tun kann.
Zunächst einmal schlage ich etwas vor, ich schreibe das mal hier an die Tafel.«

- Den **Druck rausnehmen**, nicht den Anspruch haben, dass Symptome schnell weggehen
- **Aufhören, sich mit früher zu vergleichen**, früheren Standard zum Maßstab zu machen.
- In kleinen Schritten vorgehen, z. B. nicht gleich eine anspruchsvolle Zeitung oder ein Buch, sondern **etwas »Leichtes« lesen**. Auch die Boulevard Presse sollte kein Tabu sein.
- **Soziale Aktivitäten planen** (aktivieren den Hirnstoffwechsel, verringern das Demenzrisiko)
- **Gedächtnisfördernde Aktivitäten planen** (z. B. Spieleabend, mit anderen ein Ereignis/Sachverhalt oder ein Problem besprechen)

Schuldgefühle, Selbstanklagen, Minderwertigkeitsgefühle

> *»Leider sind Depressionen sehr oft mit quälenden Selbstanklagen, Schuldgefühlen oder Minderwertigkeitsgefühlen verbunden. Wer von Ihnen kennt das? Ich würde mit Ihnen besprechen, was Sie tun können, um sich ein wenig Erleichterung schaffen zu können. Zunächst einmal würde mich aber interessieren, wer von Ihnen ohnehin ein ›kritischer Geist‹ ist, d. h. sehr kritisch mit sich und anderen umgeht? Welche Folgen hat das, wenn man mit sich hart ins Gericht geht? Wo haben Sie das gelernt?«*

Diese Fragen zielen darauf ab, generationstypische Erziehungsstile und Werte zu eruieren, die die Entwicklung einer Selbstwertproblematik begünstigt haben, z. B. eine zu strenge, wenig feinfühlige und rigide Erziehung. So ist es auch nicht verwunderlich, dass es vielen Menschen dieser Alterskohorte schwerfällt, mit sich freundlicher, verständnisvoller und ermutigender umzugehen. Diese Tendenz wird in der Depression noch verstärkt und wird auch zunächst als »Stimme« der Depression gewertet, um Distanz zu schaffen.

> *»Mir fällt auf, dass einige von Ihnen in ihrer Kindheit und Jugend wenig Stärkung und Wohlwollen durch Ihre Bezugspersonen erfahren haben und dass Sie sogar noch ›im Alter‹ an sich zu wenig Positives sehen. Das hat natürlich mit Ihrer Depression zu tun, durch die Sie alles durch eine ›dunkle Brille‹ betrachten, vielleicht aber auch mit Ihrer Einstellung, dass man nicht mitfühlend oder lobend mit sich umgehen darf. ›Eigenlob stinkt‹ war ja früher ein gängiger Ausspruch. Hat sich jemand von Ihnen heute schon etwas Kritisches gesagt oder sich abgewertet? Und könnten wir als Gruppe dann überlegen, wie wir diesen Satz (z. B. ›in der Ergotherapie oder im Haushalt bringe ich nichts zustande‹) umformulieren können, sodass er hilfreicher und ermutigender klingt?«*

Hier könnte eine Umfrage gestartet werden, in der jedes Gruppenmitglied dazu aufgefordert wird, den Satz umzuformulieren. Um den Einstieg zu erleichtern, kann ein Modellsatz vorgegeben werden. z. B. »Derzeit tue ich mich in der Ergotherapie etwas schwer, bin aber froh, dass ich mich dort ein wenig von meinen Grübeleien ablenken kann.«

»Es gibt natürlich noch andere Möglichkeiten, mit Selbstanklagen bzw. -entwertung umzugehen. Was halten Sie von einer Überprüfung, ob Ihre Aussage auch stimmt, z. B. mit Hilfe des Personals oder anderer Menschen? Was würde die Ergotherapeutin oder Angehörige wohl sagen, wenn Sie sie auf das »Nichts zustande bringen« ansprechen? Kleine Erfolgserlebnisse in den Fachtherapien können ebenso den Selbstwert stärken. Bringen Sie zur nächsten Stunde doch mal ein Produkt aus der Ergotherapie mit. Ich bin häufig überrascht, welche kleinen Schätze Sie erschaffen, obwohl Sie meistens das Gegenteil behaupten.«

Geht es um reale Schuld, verpasste Lebenschancen, falsche Entscheidungen oder »echtes« Scheitern, wäre dies für eine Depressionsgruppe möglicherweise zu belastend oder zu überfordernd. Auf die Bedeutsamkeit des Themas sollte jedoch hingewiesen werden, z. B.:

»Ich finde es sehr mutig, Frau B., dass Sie Ihre Scheidung angesprochen haben, die Sie offenbar noch sehr zu beschäftigen scheint. Um diesem Thema wirklich gerecht zu werden, würde ich Ihnen empfehlen, dies in der Einzeltherapie weiter zu vertiefen oder zu warten, bis wir uns hier in der Gruppe mit dem Thema Rollenwechsel nach Trennung beschäftigen«.

Das ABC der Depressionsbewältigung

Alle aufgeführten Symptomkomplexe und Strategien sind als Optionen zu verstehen, sie müssen nicht einzeln »abgearbeitet« werden. In teilstationären oder ambulanten Settings sind Patienten in der Regel ohnehin etwas weniger symptomatisch, sodass man dieses Modul auch verkürzen könnte. Möglich wäre ein allgemeines ABC der Depressionsbewältigung:

»Liebe Gruppe, heute möchte ich mit Ihnen mal ein ABC der Depressionsbewältigung erproben. Lassen Sie uns mit dem Buchstaben ›B‹ anfangen. Welche Strategien fallen Ihnen ein, die helfen könnten die Depression (oder den schwarzen Hund) in Schach zu halten?
Richtig! Bewegung ist eine ganz wichtige Strategie, wer hat sie heute schon angewandt? Lassen Sie uns mal die verschiedenen Formen der Bewegung durchgehen. Wenn »Sitzen das neue Rauchen« ist, warum fällt es so schwer, sich zu bewegen? Welche Möglichkeiten gibt es für Menschen mit Gehbehinderungen? Haben Sie schon mal von einer Rollator-Gymnastik gehört?
Wollen wir eine kleine Übung zur Bewegung machen? (z. B. mit Hilfe der Bewegungskarten der Bundeszentrale für gesundheitliche Aufklärung; www.aelter-werden-in-balance.de)
Zu ›B‹ fällt mir noch ›Berührung‹ ein. Stimmt es, dass ältere Menschen immer weniger berührt werden? Welche Erfahrungen haben sie mit Berührungen gemacht (und ich meine jetzt nicht nur die, die einer Partnerschaft üblich sind). Tun sie gut und was kann man tun, wenn sie einem ›abhanden‹ gekommen sind? Wollen wir auch dazu eine kleine Übung machen?« (z. B. sich gegenseitig kurz die die Hand geben oder die Hand auf die Schulter legen).

Sitzung 4

Lernziele der Sitzung

- Die verschiedenen Behandlungsoptionen bei Depression kennenlernen
- Die Zusammenhänge zwischen psychosozialen Belastungen und Depressionen verstehen

Über die Behandlungsmöglichkeiten und das interpersonelle Störungsmodell aufklären

Obwohl Psychoedukation in nahezu allen modernen Depressionstherapien einen wichtigen Stellenwert hat, ist das Wissen der Patienten über ihre Störung oft sehr lückenhaft und sollte keinesfalls als ausreichend vorausgesetzt werden. Wie im Theorieteil aufgeführt, gibt es eine Reihe von Spezifika bei Depressionen im Alter, die älteren Menschen nicht vorenthalten werden sollten. Das multifaktorielle Depressionsmodell der IPT-LL ist einzuführen, um die verschiedenen Einflussfaktoren zu verdeutlichen und monokausale Erklärungen oder Vorurteile zu vermeiden. Dies lässt sich mit Schaubildern am Flipchart am besten umsetzen, unklare Begrifflichkeiten wie »genetische Disposition« oder »metabolisches Syndrom« können vereinfacht erklärt werden. So könnte ein Kreis-Modell aufgemalt und mit Inhalten (d. h. Ursachen/Belastungsfaktoren) gefüllt werden. Weitere Interventionen und Anregungen im Hinblick auf eine erfolgreiche Vermittlung psychotherapeutischer Inhalte finden sich in dem Praxisbuch »Mit Stift und Stuhl« von Hedlund (2011).

Bei den Behandlungsmöglichkeiten liegt der Schwerpunkt auf Psychotherapien, wobei auch die medikamentöse Therapie gebührend zu würdigen ist. Da Ältere (noch) vornehmlich auf die Wirkung der Medikamente setzen, ist eine Vorstellung der Substanzgruppen (Antidepressiva, Neuroleptika, Benzodiazepine usw.) sehr hilfreich. Dieser Part kann natürlich auch an das Ärzteteam delegiert werden, wobei möglicherweise eine Chance vertan wird, die unterschiedliche Gewichtung von Psychotherapie und Pharmakotherapie besser zu verstehen und zu hinterfragen.

»Mir ist aufgefallen, dass Sie jeden Morgen sehr gewissenhaft Ihre Medikamente einnehmen, ich frage mich, ob Sie die psychologischen Antidepressiva (d. h. die Strategien, die wir die letzten Stunden besprochen haben) ebenso regelmäßig anwenden? Wahrscheinlich weniger, woran liegt das? Trauen Sie Ihren eigenen Bewältigungsmöglichkeiten nicht?

Würde es Ihnen leichter fallen, wenn sie die Strategien, ähnlich wie Medikamente, in einer Verpackung bekämen? Sie haben diese ja schon letztens, als wir über das ABC der Depressionsbewältigung gesprochen haben, kennengelernt. Was wäre, wenn es auch für andere Strategien solche Kärtchen gäbe? Ich habe Ihnen heute mal ein paar Karten mitgebracht (z. B. »Bewegung aktiv« von der Bundeszentrale für gesundheitliche Aufklärung)

Sie wissen ja, dass der Glaube Berge versetzen kann. Aus der Forschung ist bekannt, dass die Erfolgserwartung einen großen Einfluss auf den Behandlungserfolg hat. Wenn Sie also von Medikamenten oder Psychotherapie wenig halten, wird sich das auswirken. Lassen Sie uns doch die Vor- und Nachteile beider Behandlungsmöglichkeiten genauer anschauen.«

Hier sollte man Erfahrungen mit beiden Behandlungsformen erfragen, positive/negative Aspekte, unerwünschte Nebenwirkungen, Vorurteile, Stellenwert etc. Diese Diskussion könnte etwas lebendiger werden, wenn man z. B. Klischees und Vorurteile aus den jeweiligen Verfahren in den Raum stellt (z. B. *»Muss heute noch jemand auf die Couch?«*).

Es bietet sich auch die Möglichkeit, die einzelnen psychotherapeutischen Verfahren kurz vorzustellen und die Interpersonelle Psychotherapie besonders hervorzuheben. So könnte erläutert werden, dass bei der Interpersonellen Psychotherapie die zwischenmenschlichen Belastungen, die im Alter zunehmen, im Mittelpunkt stehen. Und es darf ergänzt werden, dass soziale Kontakte/Beziehungen der wichtigste Faktor für ein erfolgreiches Altern sind (noch vor Rauchstopp oder gesunder Ernährung) und dass die Corona-Pandemie sehr eindrücklich gezeigt hat, wie bedeutsam soziale Kontakte und Begegnungen für Menschen aller Altersgruppen sind.

Die Depression in einen interpersonellen Kontext bringen

Wie ich gerade erwähnt habe, spielen bei der IPT die sozialen und zwischenmenschlichen Belastungen bei der Depressionsentstehung eine große Rolle. Welche könnten das sein, wollen wir mal sammeln? Ich halte das mal an der Tafel fest! Nun, da ist einiges zusammengekommen. Ich möchte die Belastungsfaktoren gern zu ›Problembereichen‹ – so nennen wir das in der IPT – zusammenfassen. Können Sie mit diesen 5 Kreisen was anfangen? (Schaubild zeigen; auch wenn »Arbeitsstress« im Alter seltener fokussiert wird, sollte er der Vollständigkeit halber aufgeführt werden, ▶ *Abb. 4.1.)*

»Was meinen Sie, haben wir etwas vergessen? Was glauben Sie, welcher Problembereich bei Ihnen am meisten zu Ihrer Depression beigetragen hat? Ich würde dazu eine kleine Runde machen, Sie müssen ihn nicht näher erläutern, sondern nur benennen, Frau B., wollen Sie mal beginnen?«

Nach der Runde:
»Es freut mich, dass Sie alle etwas benannt haben und wie wir gehört haben, können auch gesundheitliche Veränderungen zur Depression beitragen. In den folgenden Sitzungen werden wir uns etwas näher mit den Problembereichen beschäftigen, dabei werden wir versuchen, konkrete Lösungen zu erarbeiten und diese auch ausprobieren.«

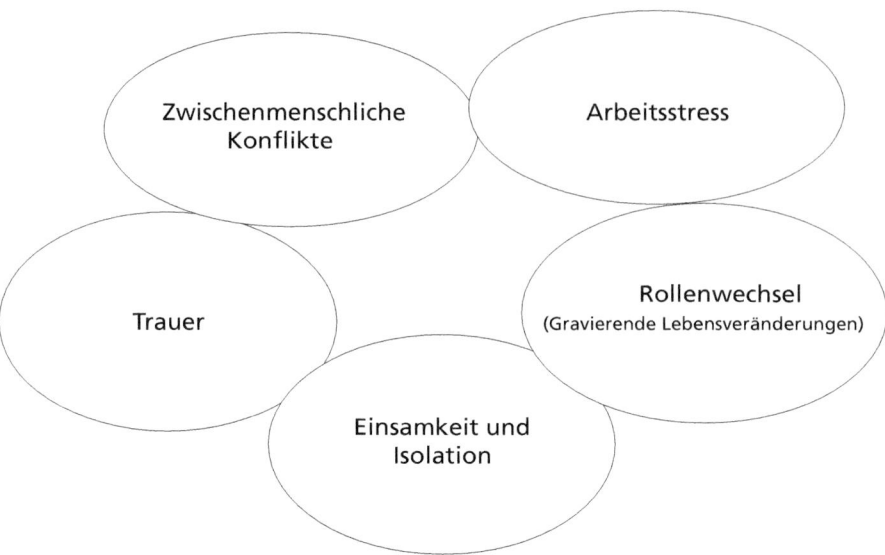

Abb. 4.1: Problembereiche in der IPT

4.3.2 Modul II (3-4 Sitzungen): Interpersonelle Grundfertigkeiten bei Isolation und Einsamkeit

Ziele des Moduls

- die soziale Isolation verringern
- zum Aufnehmen von Beziehungen und dem Aufbau eines sozialen Netzwerks ermutigen
- die nötigen Fertigkeiten hierfür vermitteln, innere und äußere Barrieren abbauen

Wichtig: In allen Modulen werden die Gruppenmitglieder ermutigt, eigene Beispiele und Erfahrungen einzubringen. Erst wenn sich kein Beispiel findet oder »betretenes Schweigen« in der Gruppe herrscht, kann ein Standardbeispiel eingebracht werden. Die Lösungsvorschläge sollten von allen erarbeitet und zusammengetragen werden, von der Gruppenleitung dürfen aber Ideen eingebracht werden, um die Diskussion in Gang zu halten (z. B. »Wer von Ihnen hat schon mal an eine Kontaktanzeige gedacht oder gar gemacht, wer hat Erfahrungen mit dem Internet?«).

Sitzung 1–2

Lernziele der Sitzung

- Die Kraft von Beziehungen hinsichtlich der Depression erkennen
- Merkmale und Auswirkungen von depressiver und nicht-depressiver Kommunikation kennenlernen
- Sich in der Gruppe sozial adäquater verhalten, mehr Sympathie bei anderen wecken

»Guten Tag, ich begrüße Sie zur heutigen Depressionsbewältigungsgruppe. Ein wichtiges Ziel unseres Treffens hier ist, dass Sie Ihre Depression besser verstehen und aktiv bei der Genesung mithelfen können. Letzte Stunde hatten wir das Thema .... Was ist Ihnen davon in Erinnerung geblieben. Wer von Ihnen hat an die Hausaufgabe gedacht?« Falls keine Antwort kommt, sollte ein Stichwort genannt werden, z. B. *»Wir hatten darüber gesprochen, dass Depressionen nicht so einfach ›vom Himmel fallen‹ und dass sich im Vorfeld der Erkrankung meistens Belastungen finden lassen. Erinnern Sie sich noch an die vier bzw. fünf Kreise?«*

»Heute möchte ich mit Ihnen über die »Kraft der Beziehungen« sprechen. Warum ist der Mensch nicht gern allein und welche Bedeutung hat das soziale Netz für depressive Störungen?

Was meinen Sie, warum brauchen wir Beziehungen und Bindung zu anderen Menschen? Wollen wir mal sammeln?« Ggfs. Funktionen auf dem Flipchart festhalten.

»Manche Menschen machen auch negative Erfahrungen in der Beziehung zu anderen Menschen, im Elternhaus, in der Schule oder später im Leben. Wo würden Sie sich einordnen? Eher positive oder eher negative Erfahrungen, gemischt? Wollen wir dazu eine kleine Umfrage machen?

Gibt es Unterschiede zwischen Männern und Frauen hinsichtlich des sozialen Netzes? Und wie erleben Sie das »im Alter«, hat sich da für Sie etwas geändert?«

Ziel dieser didaktischen Fragen ist es, ältere depressive Menschen zur Selbstreflexion anzuregen, d. h. sich Gedanken zu machen, wie es um ihr Beziehungsleben früher und heute »bestellt« war/ist und welchen Einfluss ihre Erfahrungen auf die depressive Entwicklung gehabt haben könnte. Typische Kommentare jetziger Alterskohorten sind, dass Kindheit und Jugend stark durch die (emotionalen) Entbehrungen, Strenge und Restriktionen der Nachkriegszeit geprägt waren, in ländlichen Gebieten die Mitarbeit in der Landwirtschaft selbstverständlich war. Diese Sozialisationsbedingungen dürften interpersonelle Stile, Präferenzen und Kompetenzen sehr beeinflusst haben und im Alter dazu beitragen, dass die erforderlichen Anpassungsprozesse (z. B. Hilfe/Unterstützung annehmen können, neue Bindungen eingehen) für viele ältere Menschen so schwierig und mit negativen Emotionen verbunden sind. Selbst wenn die Einsamkeit als sehr erdrückend erlebt wird, ist das Aufsuchen von Begegnungsstätten oder Freizeitangeboten mit erheblichen Vorurteilen verbunden. Auch das Einlassen oder, Einladen »fremder Personen« scheint problematisch, insbesondere, wenn sie nicht mehr den eigenen Standards entspricht, z. B. infolge verstärkten Hortens oder durch Überforderung in der Haushaltsführung. Inwiefern sich das in der nächsten Alterskohorte der »Babyboomer« verändern wird, bleibt abzuwarten.

Symptome der Depression in Bezug setzen zu Einsamkeit, Rückzug, Leere oder Unausgefülltheit

> »Wie wir jetzt festgestellt haben, sind Beziehungen oder ein soziales Netz sehr wichtig für unser Leben. Es ist ein menschliches Grundbedürfnis, Menschen sind nun mal soziale Wesen. Wir brauchen andere zur Unterstützung bei Belastungen und bekommen auch eine Rückmeldung, was anderen Menschen an uns gut oder auch weniger gefällt. Letzteres hören wir vielleicht nicht immer so gern, ist aber sehr wichtig für das Zusammenleben und das Funktionieren von Beziehungen. Soziale Kontakte gelten auch als Depressionspuffer, das ist aus der Forschung bekannt. Gerade bei Verlusterlebnissen kann die Unterstützung von anderen Menschen das persönliche Leid lindern und vor einer (erneuten) depressiven Episode schützen. Was meinen Sie dazu? Teilen Sie meine Meinung oder haben sie andere Erfahrungen gemacht?«

Weitere Aspekte, die thematisiert werden können, sind:

- *»Wie tragend und verlässlich waren Ihre Beziehungen in der Vergangenheit, haben Sie auch in der Depression genügend Unterstützung erfahren?«*
- *Ist ihr soziales Netz ›im Alter‹ generell dünner oder instabiler geworden?*
- *Was macht es so schwer, Verluste auszugleichen und neue Beziehungen einzugehen?*
- *Worin bestehen Barrieren?*
- *Lassen Sie uns am Flipchart mal sammeln, was es für innere und äußere Barrieren gibt bzw. welche für Sie persönlich bedeutsam sind.«* (▶ Tab. 4.1)

Tab. 4.1: Mögliche Barrieren im Zusammenhang mit Einsamkeit

Innere Barrieren	Äußere Barrieren
• Negative Erfahrungen • Angst vor Enttäuschungen • Sich nicht mehr attraktiv finden • Angst vor Ausnutzung • Scham, die Einsamkeit zuzugeben • …	• Nicht mehr mobil sein • Zu wenig passende Angebote • Finanzielle Einschränkungen • Keine »vorzeigbare« Wohnung mehr haben • …

Bevor auf konkrete Strategien zum Anknüpfen von Kontakten eingegangen wird, kann in dieser oder der folgenden Sitzung auch zunächst auf die Merkmale und die Auswirkungen eines depressiven Kommunikationsstils eingegangen werden. Dabei wird betont, dass ein depressiver Zustand das Verhalten nicht notwendigerweise 1:1 bestimmen muss, sondern dass es Verhaltensspielräume gibt. Vor allem bei länger andauernden Depressionen ist es wichtig, den Teufelskreis zwischen sich betont depressiv verhalten (z. B. durch einen vorwurfsvollen Blick, Stöhnen, lautes Klagen, abwehrende Körperhaltung etc.) und dem daraus resultierenden Rückzug anderer Menschen zu durchbrechen. Die Verhaltensebene ist dabei am ehesten beeinflussbar. Man muss sich also nicht unbedingt so depressiv verhalten wie man sich fühlt und damit für andere einen potenziell negativen Stimulus darstellen, sondern hat gewisse Möglichkeiten, das eigene Verhalten zu steuern. Diese Verhaltensspielräume sind natürlich umso enger, je stärker die Depression ausgeprägt ist.

Auf jeden Fall sollte darauf geachtet werden, dass die Gruppe diese Übungen nicht im Sinne eines Vorwurfs (»Nun reißen Sie sich mal zusammen« oder »Tun Sie so als ob«) versteht, sondern als eine Strategie, die mehr Kontrolle über soziale Interaktionen und die Möglichkeit, selbst mehr positive Verstärkung zu erhalten, geben soll.

Übung zu »depressiver Kommunikation« versus »nicht-depressiver Kommunikation«:

Die Gruppenmitglieder werden aufgefordert im Raum, ohne eine bestimmte Richtung, umherzugehen. Es wird folgende Instruktion zur depressiven Kommunikation vorgegeben:

> *»Wir gehen im Raum umher, jeder achtet nur auf sich selbst. Sie schauen vor sich auf den Boden, nehmen mit niemandem Kontakt auf, die Aufmerksamkeit ist nach innen gerichtet.«*

Nach wenigen Minuten wird die Instruktion zur nicht-depressiven Kommunikation verändert:

> *»Jetzt atmen Sie tief durch, richten sich auf, ziehen die Schultern zurück, gehen weiter und suchen Blickkontakt mit den anderen. Lächeln Sie die anderen Personen an und grüßen Sie sie.«*

Üblicherweise kommt beim zweiten Teil eine lockere Atmosphäre oftmals verbunden mit Lachen auf. Im Anschluss wird die Gruppe befragt, wie es sich »angefühlt« hat, d. h. wie man sich selbst und die anderen erlebt hat. Normalerweise fühlt man sich im ersten Teil eher isoliert und bedrückt, im zweiten Teil etwas gelöster. Die Erfahrungen können auf den Alltag übertragen werden, d. h. die Gruppe wird ermutigt, mit anderen Menschen Kontakt aufzunehmen und die dafür geeignete Haltung und Mimik zu erproben. Die Übung lässt sich (etwas reduktionistischer) auch im Sitzen durchführen.

»*Wir haben also heute eindrucksvoll gelernt, dass depressive Kommunikation negative Auswirkungen auf das Gegenüber hat, ja regelrecht ansteckend sein kann. Dadurch wird bei den Betroffenen die depressive Wahrnehmung bestätigt, dass andere Menschen sie ablehnen. Dies führt in der Regel zu weiterem Rückzug und zur Verstärkung der depressiven Stimmung, also ein regelrechter Teufelskreis. Diesen können Sie aber unterbrechen, in dem Sie sich so verhalten, wie Sie es aus nicht depressiven Zeiten kennen, z. B. jemanden freundlich begrüßen, guten Appetit wünschen oder einfach Lächeln. Wollen Sie das im Alltag einmal ausprobieren? Und bitte verstehen Sie diese Übung nicht falsch, es geht nicht darum, dass Sie anderen etwas vorspielen und sich zusammenreißen, sondern lediglich für einen Moment in ihre alte Rolle schlüpfen.*?

Sitzung 2-3

Lernziele der Sitzung

- soziale Fertigkeiten, freundlich-offenes Verhalten zeigen, das »alte Selbst« aktivieren
- sich abgrenzen (Neinsagen) können
- um Hilfe bitten können

Begrüßung der Gruppe, Zusammenfassung der letzten Sitzung durch einzelne Gruppenmitglieder oder der Leitung, Klärung von Fragen, Besprechung der Hausaufgaben, d. h. wer hat sie gemacht und mit welchem Erfolg. Danach Einführung in das Thema:

»*Nachdem wir jetzt kurz Rückschau auf die letzte Stunde gehalten haben und ich ganz angetan bin, dass einige von Ihnen die Hausaufgaben mit Erfolg ausprobiert haben, möchte ich heute mit Ihnen besprechen bzw. üben, wie Sie mit anderen Menschen besser in Kontakt kommen können. Manche von Ihnen haben vielleicht die Sorge, zu sehr vereinnahmt zu werden, andere scheuen sich, überhaupt jemanden um etwas zu bitten. Von daher würde ich gern mit Ihnen besprechen und »üben«, wie Sie auch trotz anhaltender depressiver Beschwerden wieder mehr Kommunikation mit anderen haben können, z. B. jemanden um etwas bitten, etwas ablehnen, positive und negative Gefühle ausdrücken, Unterhaltungen beginnen, fortsetzen und beenden.*
›*Lob geht durch jede (depressive) Rüstung*‹ – *Kennen Sie diesen Ausspruch? Was halten Sie davon? Wann haben Sie das letzte Mal ein Kompliment bekommen oder gemacht? Wollen wir es hier mal in der Gruppe probieren?*«

Die Rolle der Kommunikation oder »wie man in den Wald ruft...«

»*Stellen Sie sich vor, Sie gingen in einen VHS Kurs oder in eine Gruppe in einer Begegnungsstätte. Neben wen würden Sie sich als erstes setzen oder Kontakt aufnehmen?*

> *Stimmt, wahrscheinlich würden wir uns neben eine Person setzen, die freundlich erscheint oder lächelt. Das Lächeln bildet sozusagen eine erste ›Kontaktbrücke‹. Haben Sie heute schon jemanden angelächelt (auch wenn Sie vielleicht meinen, in der Depression gibt es nichts zu lachen)? Welche Kontaktbrücken gibt es noch, wollen wir mal sammeln?«*

Die Kommentare der Gruppenmitglieder können nach nonverbal (wie z. B. Lächeln, Kopfnicken, Augenkontakt, sich dem anderen zuwenden) und verbal (wie z. B. Loben, Hilfe anbieten, sich bedanken, Interesse bekunden) geordnet auf dem Flipchart notiert werden.

Durch folgende Übung kann beispielsweise »Interesse bekunden« im Gruppenraum direkt erfahrbar werden:

> *»Wie wäre es, wenn Sie sich für ca. 5 Minuten zu zweit zusammentun und kurz darüber sprechen, wo sie früher gern Urlaub gemacht haben.«*

Meist kommt bei dieser Übung sofort eine »lockere« Stimmung auf, Patienten wenden sich zu, sprechen miteinander. Dieses sollte positiv rückgemeldet werden:

> *»Danke, dass Sie bei der Übung mitgemacht haben! Mir ist aufgefallen, dass Sie sich alle Ihrem Gegenüber zugewandt haben und sich offenbar auch Positives zu erzählen hatten. Im Alltag und im Alter spielt das »um Hilfe bitten« oder das »Neinsagen« eine wichtige Rolle. Warum tut man sich so schwer (und nicht nur in der Depression) damit? Wer von Ihnen hat dieser Tage um Hilfe gebeten oder »Nein« gesagt? Welche Erfahrungen haben Sie damit gemacht? Bei welchen Personen ist es Ihnen leichter oder schwerer gefallen?«*

In der Regel fällt es den Teilnehmern nicht so schwer, ihre Beweggründe zu benennen, z. B. keinem zur Last fallen zu wollen oder anderen Menschen gegenüber nicht unhöflich erscheinen. Viele Menschen ist es aber auch unvertraut, eine Bitte selbstbewusst zu formulieren. Von daher bieten sich »kleine Übungen« an, die i. d. R. im Gruppensetting zu bewältigen sind.

Übung: Die unterschiedlichen Möglichkeiten des Neinsagens:

> *»Stellen Sie sich vor, eine Mitpatientin (ambulant: eine Nachbarin) bittet Sie um einen Gefallen (z. B. mit ihr einen Spaziergang zu machen, etwas für sie zu besorgen etc.). Es passt Ihnen aber absolut nicht, auch hegen Sie keine große Sympathie für die Person. Ich würde mit Ihnen jetzt gern üben, wie man sich abgrenzen kann. Es gibt ja unterschiedliche Formen des Neinsagens, von »durch die Blume sagen« bis zu einem sehr direkten »Nein«, was im Alltag weniger gern benutzt wird. Lassen Sie uns mal die unterschiedlichen Stufen des Neinsagens »durchspielen«. Wir fangen hier auf der linken Seite im Stuhlkreis an, also Frau B. sollte jetzt ganz vorsichtig, möglichst indirekt ihrer Nachbarin, also Ihnen, Frau H., zu verstehen geben, dass sie*

nicht mit ihr spazieren gehen möchte. Und danach versucht sich Frau H. bei Herrn M. abzugrenzen, dies dann schon etwas deutlicher. Wir machen dann im Kreis rundum weiter und jeder versucht, sich etwas deutlicher abzugrenzen. Da es »nur« eine Übung ist, sind Ihren Fantasien keine Grenzen gesetzt. Sie können also ausprobieren, wie es ist, wenn Sie einfach mal sagen »Nein, dazu habe ich gar keine Lust«. Ist die Aufgabe verstanden worden? Lassen Sie uns einfach mal anfangen und schauen, ob es funktioniert.«

Am Ende der Übung bietet sich ein kurzes Feedback zu folgenden Fragen an:

- Wie wohl oder unwohl haben Sie sich bei ihrem Neinsagen gefühlt
- Welches ist die für Sie günstigste Variante?
- Fühlen Sie sich ermutigt, dies im Alltag weiter auszuprobieren?

Ein ähnliches Format kann gewählt werden, wenn es darum geht, eine Bitte zu formulieren. Auch diese kann sehr indirekt (»heute ist so schönes Wetter, da müsste man eigentlich rausgehen«) oder direkt (»würden Sie mich nach draußen begleiten?«) geäußert werden.

Sitzung 4

Lernziele der Sitzung

- Kommunikationsebenen kennenlernen
- Selbstöffnung »üben«

Zusammenfassung der letzten Sitzung durch einzelne Gruppenmitglieder oder die Leitung, Nachfragen, ob Neinsagen oder um etwas bitten auch im (Stations-) Alltag umgesetzt wurde und welche Erfahrungen dabei gemacht wurden.

»Es freut mich, dass einige von Ihnen unsere Übung von letzter Stunde in die Tat umgesetzt haben. Auch heute möchte ich mit Ihnen über unser Thema Einsamkeit (im Alter) sprechen. Wir hatten in den letzten beiden Sitzungen diskutiert, wie man Kontaktbrücken zu anderen Menschen aufbauen, sich abgrenzen oder um Hilfe bitten kann. Vielleicht sagen jetzt einige von Ihnen, dass das gar nicht Ihr Problem sei, Sie sehr wohl Kontakte schließen können, die Güte und die Verbindlichkeit dieser Beziehungen aber zu wünschen übriglassen. Es geht also heute um die Beziehungsebenen, bzw. -tiefen. Zwischenmenschliche Kontakte können relativ oberflächlich sein, wie z. B. beim vielzitierten ›Small Talk‹ (oder wie hat man früher dazu gesagt?) oder exklusiv, vertrauensvoll und sehr persönlich. Im Englischen wird letzteres ›Dialogue of Intimacy‹ genannt, um hervorzuheben, dass man auf dieser Ebene persönliche Bedürfnisse, Wünsche oder Gefühle ausdrückt. In der Regel beginnen Beziehungen auf einer ›Small Talk‹ Ebene oder einem Informationsaustausch, das tun Sie

(hier) alle täglich, oder? Worüber haben Sie heute mit Mitpatienten oder anderen Menschen gesprochen?«

(Beziehungsebenen und die entsprechenden Gesprächsinhalte können auch auf dem Flip-Chart festgehalten werden).

»Wie ich höre, haben Sie heute schon über das Wetter und das Klinikessen gesprochen, über welche Themen kann man noch sprechen? (Evtl. in der Runde jedes Mitglied nach einem Gesprächsthema fragen). Warum sind solche ›oberflächlichen‹ Themen wichtig, warum sprechen wir manchmal über ›Allgemeinschauplätze‹, wo uns persönliche Themen doch eigentlich wichtiger sind?«

Hier sollte die Gruppe sensibilisiert werden, dass beim Aufbau von verbindlichen Beziehungen Regeln einzuhalten sind. So kann ein positiver Small Talk oder ein Informationsaustausch Menschen ermutigen, auch Sachthemen und Probleme zu besprechen oder persönliche Erfahrungen und Meinungen kund zu tun. Dass man nicht »mit der Tür ins Haus fällt«, d. h. relativ schnell seinem Gegenüber die eigene Lebens- oder Leidensgeschichte erzählt, sollte in jedem Fall diskutiert werden. Durch länger andauernde Depressionen und Einsamkeit kann sich das Bedürfnis nach »Gehörtwerden« so verstärkt haben, dass die daraus resultierende Tendenz zum »Monologisieren« den Aufbau positiver Beziehungen extrem erschwert, wenn nicht gar verhindert. Diese Problematik sollte in der Gruppendiskussion nicht ausgespart werden, zumal Ältere oft kein angemessenes Feedback bzgl. ihrer Kommunikationsauffälligkeiten erhalten, da diese gern als Altersphänomen (und damit als unveränderbar) abgetan werden.

Je nach Niveau der Gruppe, bietet sich folgende Übung an:

Übung: Vom Small Talk zum persönlichen Gespräch

»Bitte bilden Sie Zweiergruppen oder lassen Sie mich der einfachhalber diese bestimmen. Nun wenden sie sich bitte ihrem Gegenüber zu und versuchen Sie sich für ein paar Minuten über ein unverfängliches Thema, wie z. B. das Wetter, zu unterhalten. Wenn ich ein Zeichen gebe (in die Hände klatsche), kommen Sie zum Ende und versuchen das Sachthema X zu besprechen (z. B. Klimawandel, oder was gerade aktuell ist). Wenn ich Ihnen ein drittes Mal ein Zeichen gebe, versuchen Sie Ihrem Gegenüber irgendetwas Persönliches mitzuteilen. Ist die Aufgabe klargeworden?«

Anschließend Besprechung der Übung und Erfahrungsaustausch. Die Übung kann auch im Sinne eines Speed-Dating Formats mit wechselnden Gesprächspartnern variiert werden.

»Viele ältere Menschen wünschen sich tragende Bindungen, die Selbstöffnung fällt aber oft sehr schwer. Das hat viel mit Ihrer Erziehung und Ihrer Generation zu tun. Wenn man eine Beziehung stärken und vertiefen möchte, ist es aber notwendig, über sich und seine Probleme/Schwächen zu sprechen. Dies kann Ihr Gegenüber ermutigen, ebenfalls von sich zu sprechen, wodurch die Beziehung gestärkt wird und positive Gefühle entstehen. Haben Sie in letzter Zeit (z. B. auch hier auf Station)

die Erfahrung gemacht, dass andere sich öffnen, wenn Sie zuvor auch den Mut dazu hatten?

Dazu möchte ich abschließend eine kleine Übung machen: Bitte nehmen Sie sich einen Zettel und Stift vom Tisch. Ich lese Ihnen gleich eine Frage vor, die sie schriftlich beantworten sollen. Danach legen wir alle Zettel hier auf den Tisch und wir lesen nacheinander alle Antworten vor und versuchen zu erraten, wer sie verfasst haben könnte.«

Übung: Wenn meine Mitmenschen wüssten, dass ich ... kann, wären Sie sehr überrascht.

Diese Übung kann sehr unterhaltsam sein, da mitunter sehr ausgefallene Tätigkeiten genannt werden. Die Übung zeigt, welche Ressourcen und »Schätze« sich hinter der depressiven Seite verbergen und wie das Interesse an einer Person durch Preisgabe von etwas Persönlichem gestärkt werden kann.

Exkurs optional: Liebe und Sexualität im Alter (z. B. in einer additiven Sitzung)

Dieses Thema wird in der Gerontopsychiatrie und -psychotherapie oft ausgespart, da in den multiprofessionellen Teams davon ausgegangen wird, dass dieses Thema bei Älteren ohnehin nicht mehr aktuell oder die Funktionstüchtigkeit zu eingeschränkt sei. Die klinische Erfahrung mit älteren Menschen zeigt jedoch, dass dies keineswegs der Fall ist, sondern dass Fragen, Wünsche und Probleme bzgl. Liebe, Nähe, Zärtlichkeit und Sexualität durchaus Inhalte von Psychotherapien im Alter sind. Martin Walser hat in seinem Roman »Angstblüte« davon gesprochen, dass Älterwerden Heuchelei vor den Jüngeren sei, da man so tun müsste, als hätte man bestimmte Bedürfnisse nicht mehr. Oft werden diese Bedürfnisse aber erst gar nicht erfragt oder exploriert, obwohl der Zusammenhang zur depressiven Symptomatik ganz offensichtlich ist. Es lohnt sich also, sich dieses Thema in der Gruppe anzunehmen. Hilfreich wäre ein Aufhänger (z. B. Zeitungsartikel, Publikation o. Ä.) oder ein Statement seitens der Gruppenleitung.

»›Liebe auf den späten Blick‹ ist der Titel eines Buches über Partnersuche im Alter. Ich würde heute gern über dieses Thema sprechen, ob Liebe wirklich keine Altersgrenzen kennt, oder ob der ›Kaffee endgültig kalt ist‹, wie hier mal vor Jahren ein Mann geäußert hat.

Vielleicht machen wir erst einmal eine kleine Umfrage, was Sie davon halten, sich im Alter noch auf Partnersuche zu begeben? Was spricht dafür, was dagegen?«

Sollte sich eine rege Gruppendiskussion ergeben, können im Hinblick auf das IPT Modul Strategien entwickelt werden, wo und wie man potenzielle Partner kennenlernen und wie man Erwartungen und Wünsche frühzeitig abklären kann (z. B. wünscht man sich nur Nähe und Zärtlichkeit, aber keine Sexualität mehr; möchte man auf keinen Fall seine Wohnung oder Selbständigkeit aufgeben etc.). Am Ende der Sitzung werden die wichtigsten Erkenntnisse zusammengefasst und die Gruppe für ihr Engagement gelobt.

»*Ich bin ganz beeindruckt, dass wir dieses Thema hier so offen besprechen konnten und die Diskussion offenbar auch Ihre Lebensgeister geweckt hat. So aufgeschlossen habe ich Sie schon länger nicht mehr erlebt. Dies spricht doch für ›die Kraft der Beziehungen‹, ein Hauptthema der Interpersonellen Psychotherapie!*«

4.3.3 Modul III (4 Sitzungen): Rollenwechsel und Trauer um Verluste

Ziele des Moduls

- sich an veränderte Lebensbedingungen und Rollenwechsel besser anpassen; den Verlust alter Rollen betrauern und akzeptieren
- neue Rollen weniger negativ bewerten; auch anerkennen, was nach dem Rollenwechsel geblieben ist, welche Chancen sich bieten
- das im Rahmen des Rollenwechsels reduzierte Selbstwertgefühl verbessern

Sitzung 1

Lernziele der Sitzung

- Lebensveränderungen akzeptieren und gestalten
- Abbau von Widerstand und Verleugnung
- Zulassen und Bewältigung von negativen Gefühlen, wie Trauer, Ärger, Scham

»*Ich begrüße Sie zur heutigen Depressionsbewältigungsgruppe und möchte mit Ihnen einen neuen, mit Depressionen oft zusammenhängenden Problembereich, besprechen. Hat uns in der Vergangenheit das Thema Einsamkeit beschäftigt, so werden wir uns und in den nächsten 3–4 Sitzungen des Themas ›Rollenwechsel‹ annehmen. Damit sind gravierenden Lebensveränderungen gemeint, die uns herausfordern, überfordern und unser Selbstwertgefühl erheblich beeinträchtigen können. Typische Rollenwechsel im Alter oder der zweiten Lebenshälfte sind: Berentung, Verwitwung, Pflegebedürftigkeit oder (unerwartete) körperliche Erkrankungen, Verlust der Mobilität und Selbständigkeit. Klingt nicht wirklich positiv… Wer von Ihnen hat im Vorfeld der Depression solch einen Rollenwechsel erlebt?*

Auch das Älterwerden an sich kann man als biologischen Rollenwechsel betrachten, dessen Akzeptanz und Gestaltung nicht immer leichtfällt. Aber bevor wir uns mit den gegenwärtigen Rollen beschäftigen, lassen Sie uns noch einen kurzen Blick zurückwerfen. Wenn Sie an Ihr jüngeres und mittleres Erwachsenalter denken, welche Rollen hatten Sie da? Wie gut haben Sie die gemeistert und wie sind Sie damals mit Veränderungen (z. B. nach der Geburt von Kindern, Trennungen, Jobwechseln, Umzügen etc.) umgegangen? Mag jemand aus der Gruppe etwas von seinem oder ihrem früheren Rollenwechsel berichten?«

Wenn sich Teilnehmer »outen«, kann es sehr hilfreich sein, sie zu fragen, was ihnen am meisten zur Bewältigung des Rollenwechsels geholfen hat (z. B. Akzeptanz der neuen Situation oder Unterstützung durch Freunde) und ob dies auch beim jetzigen Rollenwechsel helfen könnte. Selbst wenn nicht alle einen Rollenwechsel als Hauptproblembereich haben, sind sie durch den biologischen Rollenwechsel »Älterwerden« mehr oder weniger mit der Problematik vertraut.

Als nächstes soll der Zusammenhang zwischen Rollenwechsel und Depression näher betrachtet werden. So kann gemeinsam mit der Gruppe am Flipchart gesammelt werden, wann ein Rollenwechsel zur Depression beitragen kann:

Die Annahme einer neuen Rolle ist schwierig, wenn...

- sie nicht freiwillig gewählt wurde
- einen unvorbereitet trifft
- sie einen überfordert
- man in ihr keine Chancen sieht
- man die alte Rolle nicht aufgeben mag, sie idealisiert
- sie eine Bedrohung für das Selbstwertgefühl ist
- sie nichts Positives in sich birgt (z. B. bei schwerer Krankheit)

»Wie wir jetzt festgestellt haben, gibt es einige Faktoren, die das Annehmen einer neuen Rolle sehr erschweren, insbesondere dann, wenn diese mit sehr negativen Konsequenzen verbunden ist, wie z. B. der Zustand nach einem Schlaganfall. Was tun viele Menschen, wenn sie etwas akzeptieren sollen, was sie gar nicht möchten und mit gravierenden Nachteilen verbunden ist?

Richtig, sie wehren sich, hadern, möchten, dass es wieder so ist wie früher. Für eine begrenzte Zeit ist das sicher normal, menschlich, wir alle haben im Leben schon mit Dingen gehadert, oder? Es braucht also Zeit, um eine (ungeliebte) Rolle anzunehmen. Ich würde mit Ihnen gern einige Strategien durchgehen, die Ihnen vielleicht dabei helfen können.

Zunächst einmal geht es um die Akzeptanz, vielleicht kennen Sie das Gelassenheitsgebet des amerikanischen Theologen Reinhold Niebuhr. Die im Deutschen bekannteste Version lautet: »Gott, gib mir die Gelassenheit, Dinge hinzunehmen, die ich nicht ändern kann, den Mut, Dinge zu ändern, die ich ändern kann, und die Weisheit das eine vom anderen zu unterscheiden.

Können Sie damit etwas anfangen? Ich habe hier am Flipchart ein paar Stichworte dazu aufgeführt:« (Inhalte werden dann edukativ vermittelt)

- Eine **neue Rolle akzeptieren** heißt: Die Lage so wie sie ist, hinzunehmen, Akzeptieren heißt nicht, die Dinge gutheißen. Akzeptieren heißt, vom Kampf mit der Realität abzulassen, aufhören Energie zu verschwenden, nicht an der Vergangenheit oder an Wunschdenken festhalten.
- Von der alten Rolle **Abschied nehmen** heißt: Die entstandenen Gefühle (z. B. Angst, Ärger, Hilflosigkeit) zulassen, den Verlust der alten Rolle betrauern
- Welche **Chancen** bietet die neue Rolle: Was will ich? Welche Möglichkeiten habe ich? Wer könnte mir helfen?

Gruppendiskussion

»Stellen Sie sich vor, Sie müssten aus gesundheitlichen Gründen einen Pflegedienst in Anspruch nehmen. Was ist Ihr spontaner Gedanke dazu? Vielleicht »brauche ich nicht, soweit ist es noch nicht«? Wie müssten Sie denken, wenn Sie die Situation, dass Sie im Alltag etwas mehr Unterstützung bräuchten, akzeptieren würden? Wie würden Sie sich verhalten?«

Hier sollten Vor- und Nachteile (generations-) typischer Bewertungen und deren Konsequenzen diskutiert werden. Das Zulassen von negativen Gefühlen spielt ebenfalls eine große Rolle. So könnte die Scham, dass eine Pflegekraft das Haus bzw. die Wohnung aufsucht und dies durch einen Dienstwagen mit Firmenlogo für die Nachbarn ersichtlich ist, zur Verweigerung dieser Unterstützung beitragen.

Das Äußern negativer Gefühle ist ein weites Feld, es wird von den Betroffenen aus den unterschiedlichsten Gründen vermieden. Beispielsweise aus Angst, dass es einem dann noch schlechter gehe, Gefühlsäußerungen nicht zum Selbstbild passten, oder dass das Äußern von Gefühlen an der Situation ohnehin nichts ändern würde. Oft werden Emotionen wegrationalisiert (»Thema ist erledigt«) oder körperbezogene Symptome dominieren die Beschwerdeschilderung. An dieser Stelle bietet sich Psychoedukation zum Thema »Emotionsregulation« an, d. h. warum haben wir Gefühle, welche Botschaft vermitteln sie uns, was passiert, wenn wir versuchen Gefühle wie Trauer zu unterdrücken? Lassen sich Gefühle überhaupt auf Dauer »fernhalten«? Was passiert, wenn wir ihnen »nachgeben«? Ist es wirklich so schlimm, auch mal zu weinen oder seinen Ärger oder Scham kundzutun? Wie könnte das aussehen?

Übung: Zulassen von Gefühlen

»Bitte schließen Sie Ihre Augen und stellen Sie sich eine Situation vor, die Sie in irgendeiner Form gerührt hat, z. B. hat Sie jemand beschämt oder traurig gemacht? Oder gar verärgert? Versetzen Sie sich noch einmal in die betreffende Situation, vielleicht eine hier auf Station und versuchen die das aufkommende Gefühl zuzulassen, zu spüren. Gehen Sie diesem Gefühl eine kleine Weile nach und kehren Sie dann wieder hier in den Gruppenraum zurück und öffnen Ihre Augen.

Haben Sie etwas gespürt, konnten Sie sich in eine Situation reinfühlen? Sie müssen diese nicht benennen, aber war das Gefühl für Sie aushaltbar?«

Zum Abschluss bietet sich eine Hausaufgabe an, z. B. die Gruppe zu bitten, die nächsten Tage auf ihr Gefühlserleben zu achten, z. B., wenn sie etwas auf die Palme bringt, rührt oder sehr traurig macht und wie sie mit diesem Gefühl umgehen.

Sitzung 2

Lernziele der Sitzung

- Alte und neue Rollen differenzierter betrachten
- Umgang mit Trauer bei Rollenwechsel und Verlusterlebnissen

»Liebe Teilnehmer, ich hatte Sie ja letzte Sitzung gebeten, mal etwas mehr auf Ihr Gefühlsleben zu achten, z. B. was Sie traurig oder zornig macht. Ist Ihnen etwas aufgefallen?«

Falls niemand etwas sagt, was in Depressionsgruppen nicht ungewöhnlich ist, können auch einzelne Gruppenmitglieder direkt angesprochen werden (z. B. »Herr K. haben Sie sich über irgendwas geärgert?«). Es sollten natürlich nur Personen angesprochen werden, die mit großer Wahrscheinlichkeit nicht von dieser Aufgabe überfordert sind.

»Wie ich Ihren Beiträgen entnehmen kann, sind wir uns mancher Gefühle gar nicht so bewusst oder versuchen sie zu umgehen. Trauer gehört z. B. auch zu einem Gefühl, das viele Menschen versuchen zu meiden, weil sie Sorge haben, es könnte sie überwältigen oder zu schmerzhaft sein. Kennen Sie dieses Phänomen? Trauer tritt nicht nur auf, wenn ein geliebter Mensch verstirbt, sondern auch wenn wir etwas Vertrautes, lieb Gewonnenes wie z. B. unsere Wohnung, Freundeskreis, Gesundheit aufgeben müssen. Wenn man der Forschung glaubt, durchlaufen wir dabei verschiedene Phasen. Ich schreibe sie mal an die Tafel:«

- **Nichtwahrhabenwollen**, Schock
- **Akzeptanz des Verlustes als Realität** (bzw. Akzeptanz der neuen Rolle)
- **Gefühlschaos, Erinnerungen** (bzw. von der alten Rolle Abschied nehmen)
- **Neuorientierung**: Verlust in das Leben integrieren, versuchen, das Beste daraus zu machen.

»Nicht immer gelingt dieses Durchlaufen dieser Phasen, oft fällt es sehr schwer eine neue Rolle zu akzeptieren, findet gar nichts Positives an ihr oder mag den Ausdruck ‹das Beste daraus machen› schon gar nicht mehr hören. Dies tritt häufig ein, wenn die Lebensveränderung zu gravierend ist, wie z. B. wenn der Partner an einer Demenz erkrankt ist oder man selbst körperliche Einschränkungen ertragen muss. In solchen Fällen wünscht man das alte Leben zurück und lässt an der neuen Situation kein gutes Haar.

Ich möchte Ihnen eine Übung vorstellen, die helfen soll, eine neue (unerwünschte) Rolle besser annehmen zu können. Dazu werden die positiven Seiten alter und neuer Rollen gegenübergestellt. Ich male Ihnen das mal auf, damit deutlicher wird, was ich meine.«

(Vierfeldertafel wird auf das Flipchart gezeichnet, ▶ Tab. 4.2).

»Ist jemand aus der Gruppe bereit, seinen oder ihren Rollenwechsel mit uns zu besprechen? Falls nicht, nehmen wir vielleicht ein allgemeines Beispiel? z. B. eines Witwers, der aufgrund zunehmender gesundheitlicher Einschränkungen von seinem Eigenheim mit Garten in ein betreutes Wohnen ziehen muss. Was meinen Sie, könnten die positiven Seiten eines Lebens im eigenen Haus sein?«

Tab. 4.2: Vierfeldertafel bei Rollenwechsel

	Alte Rolle	**Neue Rolle**
Positive Aspekte ☺	• Selbständigkeit • Eine Aufgabe haben (z. B. Gartenarbeit) • Keine Rücksicht auf andere nehmen müssen • …	• Mehr Kontakte haben können • Versorgt werden • Weniger Arbeit • …
Negative Aspekte ☹	• Einsamkeit • Sich mit der Haushaltsführung überfordert fühlen • …	• Mehr Kontrolle • Zu viele alte Menschen oder Menschen, die einem nicht liegen • …

»Wie Sie an unserem Beispiel sehen können, gibt es an der neuen Rolle durchaus positive Aspekte oder zumindest Dinge, die einem erhalten geblieben sind. In der Depression sieht man die Möglichkeiten oder Chancen, die eine neue Rolle bietet, oft gar nicht mehr. Von daher kann so eine Gegenüberstellung sehr hilfreich sein. Sie können es mit einer Waage vergleichen, die in einer extremen Schieflage ist (evtl. aufzeichnen) *und etwas mehr in Balance gebracht werden soll.«*

Alternativ bietet sich die Arbeit mit einer Dreispaltentechnik an (▶ Abb. 4.3):

Tab. 4.3: Dreispaltentechnik

Was ist verloren gegangen:	Was ist geblieben:	Worin liegen Chancen:
• ...	• ...	• ...
• ...	• ...	• ...
• ...	• ...	• ...
• ...	• ...	• ...

Bei sehr »kritischen« neuen Rollen, sollte der »Akzeptanzbegriff« näher erläutert werden, z. B. wie verhalten sich Menschen, die sich mit schwierigen Lebenssituationen abfinden müssen? (z. B. weniger hadern, weniger in der Vergangenheit leben, Energie in zukünftige Projekte setzen). Es sollte auch angesprochen werden, warum es manchmal sehr schwer ist, mit dem Hadern aufzuhören und welche Konsequenzen es hat (z. B. in der Opferrolle verharren).

Der Ausdruck von Trauer spielt bei diesem Problembereich eine große Rolle. Oft wird er wegrationalisiert, heruntergespielt oder »verdeckt« als Ärger kommuniziert. Hier bietet sich eine Gruppendiskussion an. Dabei sollte die Botschaft vermittelt werden, dass das Zulassen von Trauer nicht nur bei Todesfällen, sondern auch bei anderen Verlusten eine enorm wichtige Bewältigungsstrategie darstellt. (Evtl. Übung zum Zulassen von schmerzlichen Gefühlen aus der vorangegangenen Stunde wiederholen).

Eine Hausaufgabe könnte die Stunde abrunden:

»Liebe Gruppe, ich bin ganz beeindruckt, wie engagiert Sie mitgearbeitet haben. Ich gebe Ihnen jetzt mal eine leere Vierfeldertafel mit und möchte Sie bitten, einen eigenen Rollenwechsel mit seinen positiven und negativen Seiten näher zu betrachten und in jedes Kästchen etwas einzutragen. Ich kann Ihnen aus eigener Erfahrung sagen, es lohnt sich!«

Diese Übung eignet sich insbesondere für ambulante Gruppen.

Sitzung 3

Lernziele der Sitzung

- Selbstwertgefühl stärken
- Soziale Fertigkeiten zur Bewältigung der neuen Rolle entwickeln
- Neue zwischenmenschliche Beziehungen und soziale Unterstützung aufbauen

»Liebe Teilnehmer, ich begrüße Sie in unser heutigen Gruppensitzung und möchte Sie, bevor wir uns weiter mit dem Thema Rollenwechsel beschäftigen, an die Hausaufgabe erinnern. Wer hat daran gedacht?«

Möglicherweise hat niemand die Hausaufgabe gemacht, was aber die Gruppenleitung nicht abhalten sollte (steter Tropfen höhlt den Stein!), nochmals auf die Vorteile dieses Schemas hinzuweisen. Eine Selbstöffnung kann dabei sehr hilfreich sein.

> *»Das finde ich jetzt sehr schade, aber wie ich letztens schon erwähnte, habe ich diese Vierfeldertafel mal zusammen mit einer Kollegin an einer eigenen, schwierigen Lebenssituation erprobt. Wir waren damals sehr überrascht, was wir dabei entdeckt hatten. (Selbstöffnung!) Vielleicht schauen Sie doch nochmal drauf oder nehmen das Blatt mit in ihre nächste Einzeltherapie.*
>
> *Heute sollen uns persönliche Stärken und das Selbstwertgefühl beschäftigen, beides sind Eigenschaften, die man nach einem Verlust und in neuen, ungewohnten Lebenssituationen bitter nötig hat und die in der Depression aber oft abhandenkommen. Ich möchte Ihnen dazu eine kleine Übung vorschlagen (keine Sorge, sie ist durchweg positiv!).*
>
> *Bitte tun Sie sich zu zweit zusammen und befragen Sie sich gegenseitig hinsichtlich Ihrer Interessen, Fähigkeiten und Stärken. Es sollten mindestens drei positive Eigenschaften zusammenkommen, die dann in der Gruppe vorgestellt werden sollen. Wäre das für Sie möglich? Sie könnten die Fähigkeiten auch von einer Liste ablesen. Und bitte achten Sie darauf, nichts Kritisches zu äußern!«*

Diese Übung dient zur Ressourcenaktivierung, d. h. welche Kompetenzen und Interessen könnten helfen, um mit einer neuen Lebenssituation besser zurechtzukommen? Oft sind die individuellen Ressourcen depressionsbedingt gar nicht mehr »abrufbar« oder waren auch vorher nicht in einem ausreichenden Ausmaß vorhanden. Durch die Gruppe erfahren die einzelnen Mitglieder eine Anerkennung ihrer Fähigkeiten, die sie möglicherweise höher einschätzen, als wenn sie durch das therapeutische Team erfahren wird (die ja »immer loben« müssen). Durch Aufforderungen wie *»fällt der Gruppe vielleicht noch eine Stärke ein, die Frau S. auszeichnet?«* könnte dieser Effekt noch verstärkt werden. Zur Ressourcenaktivierung gehört auch, frühe Kompetenzen im Umgang mit Krisen oder komplizierten Rollenwechseln zu erfragen: *Auf welche Eigenschaften haben Sie früher gebaut, wenn etwas schiefging?*

Eine wichtige Strategie im Umgang mit schwierigen Rollenwechseln besteht in der Verbesserung des sozialen Stützsystems und der sozialen Kontakte. Auch hier bietet sich eine Gruppendiskussion mit folgenden didaktischen Fragen an:

> *»Wo kann man ›im Alter‹ neue Kontakte finden, welche Erfahrungen haben Sie gemacht? Wollen wir mal am Flipchart zusammenstellen, wo und wie man Kontakte knüpfen kann oder Unterstützung findet? Ich fange mal an und schreibe ›Begegnungsstätte‹ auf. Was fällt Ihnen dazu ein?«*

Falls der Kommentar kommt »da sind ja nur Alte«, unbedingt diskutieren, gerade negative Altersstereotypen erschweren oft den Zugang zu sozialen Unterstützungsangeboten.

»Heute haben wir in der Gruppe viel geschafft, erst haben wir etwas über ihre Stärken erfahren und danach haben wir überlegt, wo sie diese auch nutzen können. Wie wäre es, wenn Sie zu ›neuen Ufern‹ aufbrechen könnten? Darf ich Sie nächste Stunde daran erinnern?«

4.3.4 Modul IV (4 Sitzungen): Zwischenmenschliche Konflikte

Ziele des Moduls

- Konflikt identifizieren
- Handlungsplan zum Lösen von Konflikten entwickeln
- Erwartungen, Ziele und/oder Kommunikation verändern, um zu einer befriedigenden Lösung zu gelangen oder Akzeptanz erhöhen, falls Konflikt nicht lösbar ist.

Wichtig: In diesem Modul werden Gruppenmitglieder, die unter zwischenmenschlichen Konflikten leiden, gebeten, Beispiele einzubringen und über ihre Erfahrungen zu berichten. Falls sich kein Beispiel findet, können Standardbeispiele vorgegeben werden. Die Ressourcen der Gruppe sollten genutzt werden, die erarbeiteten Lösungsvorschläge eine besondere Würdigung erfahren.

Sitzung 1

Lernziele der Sitzung

- Konflikte in ihren verschiedenen Dimensionen verstehen
- den Zusammenhang zwischen Konflikten und Depression erkennen

»Ich begrüße Sie zur heutigen Depressionsbewältigungsgruppe und möchte mit Ihnen einen neuen, mit Depressionen oft zusammenhängenden Problembereich, besprechen. Hat uns in der Vergangenheit das Thema Rollenwechsel beschäftigt, so werden wir uns in den nächsten drei bis vier Sitzungen mit dem Thema ›Konflikte‹ befassen. Bevor ich damit anfange, möchte ich natürlich noch von den ›neuen Ufern‹ erfahren. Hat jemand etwas ausprobiert? (Loben, falls jemand etwas berichtet und dann zum Hauptthema übergehen.)

Konflikte sind ein weites Feld. Es stellt sich die Frage, was Konflikte überhaupt sind, mit wem und warum man überhaupt Konflikte hat. Was fällt Ihnen dazu ein? Hat sich hier ein Konflikt auf Station ergeben? Z. B. über das TV Programm oder die Lüftung im Zimmer?«

Eine allgemeine und auf den Stationsalltag bezogene Einführung in das Thema erleichtert ein Mitdiskutieren, da alle Stationskonflikte kennen. Es verhindert, dass sich einzelne Mitglieder in Bezug auf einen schmerzhaften Konflikt mit ihren Angehörigen (zu früh) »outen« müssen oder dies generell nicht möchten. Anhand einfacher Konflikte lassen sich die typischen Merkmale von Konflikten, wie z. B. unterschiedliche Bedürfnisse/Werte, Schwierigkeiten, diese adäquat auszudrücken sowie Stadien von Konflikten verdeutlichen und die Motivation, sich mit diesen auseinanderzusetzen, stärken. Im ambulanten Setting könnte man vielleicht einen Nachbarschaftskonflikt vorschlagen oder einen typischen Konflikt mit erwachsenen Kindern.

> *»Wie wir jetzt gehört haben, gehören Konflikte zum Zusammenleben dazu, da Menschen i. d. R. unterschiedliche Bedürfnisse und Wünsche haben. Auf Station können Sie sich sagen, okay, ich bin ja nur für einen begrenzten Zeitraum mit der Person zusammen, ich werde das Thema nicht ansprechen. Wie ist es aber, wenn man mit Angehörigen oder Nachbarn Konflikte hat? Was ist dann? Oft tun sich Menschen schwer, Konflikte anzusprechen. Warum ist das so? Wie sind Ihre Erfahrungen? Was passiert, wenn man das Ansprechen auf Dauer vermeidet? Hat jemand ein Beispiel aus eigener Erfahrung?«*

Falls sich hier keine Diskussion ergibt, könnte ein Beispiel von der Gruppenleitung eingebracht werden.

> *»Ich würde Ihnen dazu gern ein Beispiel vorstellen, das im Alter gar nicht so selten vorkommt. Es geht um eine ältere Witwe, die unter dem für sie sehr unbefriedigenden Kontakt zu ihrem Sohn leidet. Dieser hätte nie Zeit sie zu besuchen, obwohl er jeden Tag auf dem Weg zur Arbeit an ihrer Wohnung vorbeifährt. Sie hat sich schon oft bei der Schwiegertochter darüber beklagt und hat ihre Angehörigen dazu gebracht, dass diese sich ihre Geburtstagsgeschenke bei ihr persönlich abholen müssen. Was meinen Sie, worum geht es in diesem Konflikt und was läuft ›schief‹?«*

Hier sollte deutlich werden, dass unterschiedliche Erwartungen, aber auch ungünstige Kommunikation (z. B. Wünsche nicht direkt äußern können, Vorwurfshaltung, unter Druck setzen der Angehörigen, Rückzug oder Schweigen, nicht über Gefühle sprechen können) zum Konflikt beigetragen haben und eine Lösung erschweren. Auch Alter kann als Konfliktursache diskutiert werden (z. B. durch das verstärkte Aufeinander angewiesen sein oder die zunehmenden Verstärkerverluste). Die Corona-Krise hat deutlich gezeigt, wie auch gut funktionierende Familiensysteme an ihre Grenzen kommen.

In dieser Sitzung sollte hervorgehoben werden, dass anhaltende Konflikte, ob verdeckt oder offen, Depressionen fördern und aufrechterhalten können. Dies können auch alte, nicht überwundene Konflikte, sein.

> *»Ich würde gern noch einmal zusammenfassen, wann Konflikte Depressionen begünstigen können:«* (kann am Flipchart in Stichworten aufgeführt werden)

- wenn der Konflikt schon lange anhält und nicht lösbar erscheint
- wenn die Kommunikation sehr gestört bzw. sehr feindselig ist
- wenn negative Gefühle »um des lieben Friedens willen« unterdrückt bzw. »runtergeschluckt« werden
- wenn Wünsche nicht direkt geäußert werden können, sondern über andere Menschen oder über Symptome ausgetragen werden (z. B. Schmerzen oder hoher Blutdruck)

Sitzung 2

Lernziel der Sitzung

- Prinzipien ungünstiger und günstiger Kommunikation vorstellen und diskutieren

»Ich begrüße Sie zur heutigen Depressionsbewältigungsgruppe und möchte gern an das Thema der letzten Stunde anknüpfen. Wir hatten über Konflikte gesprochen, warum wir sie öfters mit anderen Menschen haben und was sie mit Depressionen zu tun haben können. Wir hatten festgestellt, dass lang andauernde Konflikte besonders problematisch sind, dass der Umgang oft von gegenseitigen Vorwürfen und negativen Gefühlen geprägt ist. Es gibt auch Konflikte, da ist das »Tischtuch ganz zerschnitten« und es finden kaum noch Kontakte oder Gespräche statt. Das alles tut Menschen im Allgemeinen nicht gut und bei Depressionen hilft es schon gar nicht. Aus der Forschung ist bekannt, dass Paare, die in konflikthaften Ehen leben, ein höheres Risiko haben, an einer Depression zu erkranken. Es lohnt sich also, Konflikte zu lösen oder zumindest zu entschärfen. Wie man das schaffen kann, soll heute unser Thema sein.

Zunächst einmal möchte ich Ihnen ein paar Prinzipien ungünstiger und günstiger Kommunikation besprechen.

Als Leitfaden können die »Typischen Kommunikationsfehler« in den Onlinematerialien (Arbeitsblatt 4) genutzt werden. Möglich wäre auch, im Sinne von erfahrungsorientiert, einzelne Auffälligkeiten im Rollenspiel zu demonstrieren, einen Videoclip einzuspielen oder umgangssprachlich zu erläutern.

So könnte die Gruppenleitung einen »Co« aus der Gruppe auswählen und einen typischen Alterskonflikt durchspielen (z. B. erwachsener Sohn fordert Mutter auf, Hilfe durch eine Sozialstation anzunehmen, was die Mutter mit »mir kommt kein fremder Mensch ins Haus« abwehrt). Aufgabe der Gruppe wäre es, die Fehler, die aufgefallen sind, zu benennen. Auch die nonverbalen Signale (z. B. Augen verdrehen, kein Blickkontakt halten, finster schauen), sollten hervorgehoben werden. Sie können ebenso verletzend und dysfunktional sein, wie die verbalen. Umgangssprachliche Beschreibungen/ Sprichwörter ungünstiger Kommunikationsmuster z. B. »etwas durch die Blume sagen«, »da herrscht Schweigen im Walde«, »mit der Tür ins Haus fallen«, »gute Miene zum bösen Spiel« etc.

weisen darauf hin, wie gängig diese Kommunikationsmuster im Alltag sind. In diesem Kontext macht es Sinn, die Gruppe darauf hinzuweisen, dass uns allen dysfunktionale Kommunikationsmuster vertraut sind (auch Therapeuten), dass aber Ausmaß und Intensität sowie abhanden gekommener Respekt darüber entscheiden, ob ein Konflikt sich zuspitzt oder gar chronisch wird.

»So jetzt haben wir länger darüber gesprochen, wie man es vielleicht nicht machen sollte, jetzt stellt sich natürlich die Frage, wie man konstruktiv »streitet« bzw. verhandelt. Oder wie sollte man in den Wald rufen, dass etwas Positives herauskommt? Was halten Sie von folgenden Regeln?« (Diese könnte man schon als Arbeitsblatt vorbereitet haben und an den Flipchart hängen)

Prinzipien guter Kommunikation

- Über Gefühle, Wünsche, Erwartungen sprechen
- Zuhören können
- Fragen stellen
- Interesse zeigen
- Konstruktive Kritik

»In der Depression fällt es wahrscheinlich noch schwerer, sich an diese Regeln zu halten, zumal sie vielleicht für einen selber und das Umfeld ungewohnt sind und auch nicht unmittelbar zum Erfolg führen müssen. Lassen Sie uns trotzdem die eine oder andere Strategie etwas genauer unter die Lupe zu nehmen. Angenommen Sie hören folgenden Satz: »Ach, die Kinder sind ja auch immer sehr mit ihrer Arbeit beschäftigt«. Was hören Sie raus? (z. B. Ärger oder Enttäuschung, dass Kinder so wenig Zeit haben?). Wissen die Adressaten (erwachsene Kinder), was die Eltern von ihnen wünschen? Wie könnte ein Elternteil ihr Anliegen so formulieren, dass die Botschaft verstanden wird? Wollen wir das mal hier probieren?«

An dieser Stelle könnte jedes Gruppenmitglied reihum eine Alternative formulieren.

»Falls die Person schon oft ihr Anliegen (erfolglos) vorgebracht hat, wie könnte eine konstruktive Kritik aussehen?« Wollen wir mal eine Übung dazu machen?

Durch diese Übungen sollen alte Muster unterbrochen und Alternativen erprobt werden. Da dies möglicherweise auf Widerstand stoßen könnte, sollten die Konsequenzen ungünstiger Kommunikation (z. B. man bekommt nicht das, was man im Alter braucht, man wird zunehmend resigniert und verbittert) immer wieder hervorgehoben werden. Der Gruppe sollte erklärt werden, dass erfolgreich verhandeln nicht bedeutet, dass man »siegt« oder nachgibt, sondern dass beide Parteien einen Gewinn aus den Verhandlungen ziehen können.

Sitzung 3

Lernziel der Sitzung

- Alternativen bei unlösbaren Konflikten kennenlernen: Toleranzerhöhung, Loslassen oder Bedürfniserfüllung anderweitig suchen

»Liebe Teilnehmer, letzte Stunde hatten wir über günstige und weniger günstige Kommunikation gesprochen und hier in der Gruppe »geübt«, wie man die Chancen erhöhen kann, das zu bekommen, was man sich vom anderen wünscht. Hat jemand von Ihnen auf der Station oder im Alltag, z. B. bei einer Belastungserprobung, eine Strategie anwenden können? Mögen Sie davon in der Gruppe berichten?«

An dieser Stelle sollte man nicht zu hohe Erwartungen bzgl. der Transferleistungen in den Alltag haben. Die Gruppe sollte vielmehr ermutigt werden, Konflikte möglichst (konstruktiv) auszutragen oder dieses Thema bei Bedarf in der Einzeltherapie weiter zu verfolgen. Falls ein adäquates Verhalten auf Station aufgefallen ist, könnte die betroffene Person befragt werden, ob sie davon berichten möchte. (Auch bei positivem Feedback sollte um Erlaubnis gefragt werden.)

»Herr B., mir ist in der Oberarzt Visite etwas aufgefallen, darf ich das in der Gruppe hier kurz schildern? Falls Patient zustimmt: Sie hatten Ihren Wunsch nach einem Wechsel des Medikamentes sehr angemessen vorgetragen. Auch mit dem Einwand der Ärztin sind Sie sehr gut umgegangen. Ist Ihnen das auch aufgefallen? Verraten Sie uns, wie Sie das geschafft haben?

Ich kann Sie alle hier nur ermutigen, unsere Station im Hinblick auf das Lösen von Konflikten zu ›nutzen‹, wir bieten dazu sicherlich genügend Anlässe.

Heute möchte ich mich mit Ihnen einem schwierigen Thema zuwenden, den vermeintlich unlösbaren Konflikten. Wollen wir erst einmal sammeln, was man sich darunter vorstellen kann? Frau E., Sie hatten letzte Stunde von einem lang zurückliegenden Konflikt mit Ihrer Schwiegertochter berichtet, der Sie noch heute täglich in Gedanken beschäftigt. Sie müssen diesen Konflikt hier nicht ausführlich darstellen, wenn Sie nicht möchten, ich habe es so verstanden, dass Sie ihr das damals erlittene Unrecht nicht verzeihen können, ist das richtig so? Seither sei das Tischtuch zerschnitten, oder? Es belastet Sie sehr und hält auch ihre Depressionen aufrecht? Es ist ein gutes Beispiel, wenn ich es mal so ausdrücken darf Frau E., wie auch alte Konflikte oder ›Wunden‹ einen Einfluss auf unser gegenwärtiges Befinden haben.

Gibt es noch andere Beispiele für schier unlösbare Konflikte?«

Wünschenswert wäre, wenn die Gruppe weitere Beispiele einbringen, z. B. jahrelange (erfolglose) Auseinandersetzungen über die Freizeitgestaltung nach dem Eintritt in das Rentenalter oder Konflikte, die sich durch gesundheitliche Veränderungen des Partners (z. B. kognitiver Abbau, Gehbehinderungen, zunehmende

Pflegebedürftigkeit) ergeben. Um die Selbstöffnung zu erleichtern, könnte psychoedukative Anmerkungen hilfreich sein, z. B. darauf hinweisen, dass...

- die gesundheitlichen Veränderungen im Alter für erhebliches Konfliktpotential sorgen, selbst wenn die Beziehung davor im Großen und Ganzen gut war.
- die Ablenkungsmöglichkeiten durch den Wegfall von Berufstätigkeit und Familienarbeit deutlich geringer werden, Paare mehr aufeinander angewiesen sind. Dies hat sich während der Corona-Krise sehr eindrücklich gezeigt.
- die Lebenserwartung deutlich höher als früher ist, die Ehen also länger andauern und damit mehr Konflikte entstehen können (z. B., wenn Ehepartner unterschiedlich altern).
- lebenslange Konflikte oder »Unverträglichkeiten« auch im Alter nicht besser werden.

Toleranzerhöhung und »Loslassen« bietet sich an, wenn sowohl die Kommunikation als auch die unterschiedlichen Erwartungen an die Beziehung nicht nachhaltig beeinflussbar sind. Statt die begrenzte Lebenszeit mit leidvollen Auseinandersetzungen zu vergeuden, könnten Akzeptanzstrategien zu einer deutlichen Entlastung beitragen. Dabei ist durch Psychoedukation zu verdeutlichen, dass Akzeptanz nicht »Gutheißen« oder gar »Nachgeben« heißt. Es wird lediglich vom Kampf gegen die Realität abgelassen und dadurch Energie für eine Neuorientierung freigesetzt. Es ist oft erstaunlich, mit welcher Vehemenz (ältere) Menschen an für sie stets frustrierenden Konfliktritualen festhalten, nicht Ablassen können vom Kampf (z. B. wer hat Recht) und »blind« gegenüber Alternativen sind.

»Wie wir gerade gehört haben, gibt es in vielen Ehen ungelöste Konflikte, d. h. es wird anhaltend gestritten, genörgelt, bevormundet, kontrolliert oder schmollend zurückgezogen (auch wegen Kleinigkeiten), vor einer Trennung im Alter schrecken die meisten jedoch zurück. Auch eine Paartherapie kommt für viele nicht (mehr) in Frage bzw. wurde schon erfolglos absolviert. Was meinen Sie, was könnte man tun, um mit so einer (unerträglichen) Situation besser zurechtzukommen? Ich habe hier ein paar Möglichkeiten aufgeschrieben, aber vielleicht fällt Ihnen ja auch etwas ein:«

- Sich an **bessere Zeiten** der Ehe erinnern (und damit trösten)
- Alles weniger ernst nehmen, **Distanz wahren**
- **Endlichkeit des Lebens vor Augen führen (will man wirklich so weitermachen?)**
- An die **Kosten** (psychisch und finanziell) einer Trennung denken
- **Vernunftehe führen**, Erwartungen reduzieren (keiner kann für immer alles für einen sein)
- Mehr **eigenen Interessen** nachgehen (z. B. Hobby, soziale Kontakte)

Sitzung 4

Lernziel der Sitzung

• Umgang mit negativen Gefühlen – Emotionsregulation bei Konflikten

»Nachdem wir uns letzte Stunde mit dem Lösen von Konflikten (z. B. durch Erhöhung der Toleranz) beschäftigt haben, möchte ich heute einmal fragen, warum günstige Strategien zur Lösung eines Konflikts oft nicht umgesetzt werden bzw. was hindert uns daran, Lösungsstrategien zu überlegen? Warum wird das Thema überhaupt gern vermieden?

Oft ist es die Angst vor den meist negativen Gefühlen, diese möchte man möglichst vermeiden.

Welche Gefühle spielen bei Auseinandersetzungen und Konflikten üblicherweise eine Rolle? Und wie kann ich diese Gefühle aushalten bzw. damit umgehen? Das soll uns heute beschäftigen.«

Zunächst werden anhand eines Beispiels mögliche Umgangsformen mit Gefühlen am Flipchart aufgeführt, nicht genannte Punkte können dann ergänzt werden. Die nachfolgenden Strategien sind als Optionen zu verstehen, es müssen nicht alle Strategien abgearbeitet werden. Sie sollten umgangssprachlich erläutert werden oder als Frage in die Gruppe gegeben werden. z. B.

»›Den Ärger loslassen‹ – klingt einfach, aber wie macht man das? Wer von Ihnen kann das? Oder ist das wieder so ein guter psychologischer Rat, der schwer umzusetzen ist? Was meinen Sie, Herr S. schon mal probiert? Welche Möglichkeiten haben wir noch, ich habe hier noch ein paar am Flipchart aufgeführt:«

- mit einer anderen Person darüber sprechen
- gute Mienen zum bösen Spiel machen (gelassen bleiben!)
- alles weniger wichtig nehmen, Galgenhumor entwickeln
- umdeuten: Ärger weckt die Lebensgeister!
- sich ablenken, z. B. durch eine sportliche Betätigung, Musik hören, Einkaufen gehen etc.
- Ärger akzeptieren
- sich (mit Atemübungen) beruhigen

»Wie Sie sehen, gibt es eine Vielzahl von Strategien, die wir z. T. unbewusst anwenden, so dürfte der Ausdruck ›erstmal tief durchatmen‹ darauf hinweisen, dass wir uns zunächst Luft verschaffen müssen, um dann angemessen zu reagieren. Auch der Rat ›erstmal eine Nacht darüber schlafen‹ deutet an, dass Abstand nach einem ›hitzigen‹ Konflikt guttut.

In früheren Zeiten gingen die Männer Holz hacken, um sich ›abzureagieren‹, heutzutage sind es v. a. sportliche Aktivitäten. Was kann man tun, wenn diese Akti-

vitäten durch körperliche Beschwerden oder Erkrankungen nicht mehr so leicht durchzuführen sind?

Was meinen Sie, welche der aufgeführten Strategien finden Sie hilfreich und welche passen zu welcher Situation?

Vielleicht können wir eine dieser Strategien hier ausprobieren? Worauf hätten Sie ›Lust‹? Vielleicht machen wir zum Schluss noch eine kleine Umfrage, wer welche Strategie mal ausprobieren möchte? Ich fange mal an: Also ich habe mir vorgenommen, wenn ich mich das nächste Mal ärgere, wenn die Schlange an der Kasse zu lang ist, mir zu sagen, dass es Wochenende ist und ich Zeit habe (Selbstöffnung!). *Vielleicht schaue ich zur Ablenkung auch noch in den Einkaufswagen des hinter mir stehenden. Frau M., was nehmen Sie sich vor?«*

Optional: Abschlusssitzungen (16.–18. Sitzung)

Wird die IPT-LLG in einer geschlossenen Gruppe ambulant durchgeführt, empfehlen sich mindestens zwei Abschlusssitzungen, in denen Raum für eine Rückschau auf das Erreichte und ein Abschiednehmen ermöglicht wird. Folgende Punkte sollten zur Sprache kommen:

- Alles geht einmal zu Ende: wie geht es allen damit?
- Rückblick über die im Rahmen der Therapie erzielten Fortschritte, bei anhaltender Depressivität bzw. Stagnation: Klärung der weiteren Behandlungsoptionen
- Verdeutlichen, dass es Zeit ist, konkret Abschied zu nehmen. Raum geben, etwas dazu zu sagen.
- Generell: Gefühl für Autonomie stärken (»Sie haben toll mitgearbeitet, Sie schaffen das«)
- Ermutigung zu weiteren Treffen der Gruppe (ohne therapeutische Begleitung)
- Vereinbarung eines Follow-up Treffens (mit therapeutischer Begleitung, z. B. nach 3 Monaten)

In (teil-) stationären Settings ist eine Abschlusssitzung nicht erforderlich, da die Gruppe als »halboffen« konzipiert ist und Zusammensetzung einer gewissen Fluktuation unterworfen ist. Es bietet sich aber eine individuelle Verabschiedung an; bewährt hat sich das Kofferpacken mit guten Wünschen. Dies könnte folgendermaßen aussehen:

»Frau H., Sie sind ja heute zum letzten Mal in unserer Gruppe und wir möchten uns natürlich gebührend von Ihnen verabschieden. Dazu könnten wir einen Koffer mit guten Wünschen bzw. Ratschlägen packen. Jeder von uns darf dort etwas hineinlegen, von dem er oder sie glaubt, dass es Ihnen bei der weiteren Bewältigung Ihrer Beschwerden helfen könnte.« (In der Regel verlassen viele Patienten ja nicht vollremittiert die Klinik).

Um zu verdeutlichen, dass es nicht nur um »alles Gute« geht, könnte die Leitung mit einem Vorschlag beginnen:

»*Frau H. ich bin schwer beeindruckt von Ihrer Ton-Rosenkollektion, die Sie hier in der Ergotherapie hergestellt haben. Ich wünsche Ihnen von Herzen, dass Sie dieses Hobby auch daheim pflegen (einen Brennofen haben Sie sich ja schon gekauft) und der Kummer wegen Ihrer Schwiegertochter ein wenig in den Hintergrund rücken kann.*«

Nach Möglichkeit sollten alle etwas äußern, was ggf. aber nicht für alle möglich ist. Die Freiwilligkeit sollte hervorgehoben werden. Zum Schluss sollte auch dem ausscheidenden Gruppenmitglied die Möglichkeit gegeben werden, sich zu äußern (z. B. in Form eines Feedbacks). Interessanterweise sind oft sehr wohlwollende und persönliche Rückmeldungen zu beobachten, was wiederum »die Kraft der Beziehungen« in der Depressionsbehandlung unterstreicht.

Die elektronischen Zusatzmaterialien[2] können unter dem folgendem Link heruntergeladen werden: https://dl.kohlhammer.de/978-3-17-038378-4.

---

2 Wichtiger urheberrechtlicher Hinweis: Alle zusätzlichen Materialien, die im Download-Bereich zur Verfügung gestellt werden, sind urheberrechtlich geschützt. Ihre Verwendung ist nur zum persönlichen und nichtgewerblichen Gebrauch erlaubt. Jede Verwendung außerhalb der engen Grenzen des Urheberrechts ist ohne Zustimmung des Verlags unzulässig und strafbar. Das gilt insbesondere für Vervielfältigungen, Übersetzungen, Mikroverfilmungen und für die Einspeicherung und Verarbeitung in elektronischen Systemen.

Literatur

Andreas S, Schulz H, Volkert J et al. (2017) Prevalence of mental disorders in elderly people: The European MentDis_ICF65+ study. The British Journal of Psychiatry, 210(2), 125–131.
Baltes PB, Baltes MM (1990) Psychological perspectives on successful aging: The model of selective optimization with compensation. In Successful aging: Perspectives from the behavioral sciences, Cambridge: Cambridge University Press, S. 1–34.
Baltes MM, Carstensen LL (1996) Gutes Leben im Alter. Überlegungen zu einem prozessorientierten Metamodell erfolgreichen Alterns. Psychologische Rundschau, 47, S. 199–215.
Baumann K, Linden M (2008) Weisheitskompetenzen und Weisheitstherapie. Lengerich: Pabst.
Bowlby J (1969) Attachment. New York: Basic Books.
Bowlby J (2006) Verlust: Trauer und Depression. München: Reinhardt.
Bühring P (2012) Psychotherapie älterer Menschen: Vorbehalte in den Köpfen. Deutsches Ärzteblatt. (https://www.aerzteblatt.de/archiv/127248/Psychotherapie-aelterer-Menschen-Vorbehalte-in-den-Koepfen, Zugriff am 12.02.2021).
Busch MA, Maske UE, Ryl L et al. (2013) Prävalenz von depressiver Symptomatik und diagnostizierter Depression bei Erwachsenen in Deutschland. Bundesgesundheitsblatt – Gesundheitsforschung – Gesundheitsschutz, 56 (5), S. 733–739.
Cole MG, Dendukuri N (2003) Risk factors for depression among elderly community subjects: A systematic review and meta-analysis. The American Journal of Psychiatry, 160 (6), S. 1147–1156.
Coupland C, Dhiman P, Morriss R et al. (2011) Antidepressant use and risk of adverse outcomes in older people: Population based cohort study. BMJ, S. 343.
Cuijpers P, Karyotaki E, Eckshtain D et al. (2020) Psychotherapy for Depression Across Different Age Groups: A Systematic Review and Meta-analysis. JAMA Psychiatry, 77 (7), S. 694–702.
Cuijpers P, Karyotaki E, Pot AM et al. (2014) Managing depression in older age: Psychological interventions. Maturitas, 79 (2), S. 160–169.
DAK Gesundheit (2015): Angst vor Krankheiten. (www.dak.de/dak/landesthemen/angst-vor-krankheiten-2122360.html#/, Zugriff am 12.02.2021).
Destatis (2021): Todesursachen. Suizide. (https://www.destatis.de/DE/Themen/Gesellschaft-Umwelt/Gesundheit/Todesursachen/Tabellen/suizide.html, Zugriff am 31.08.2021).
Devanand DP (2002): Comorbid psychiatric disorders in late life depression. Biological Psychiatry, 52 (3), S. 236–242.
Diniz BS, Butters MA, Albert SM et al. (2013): Late-life depression and risk of vascular dementia and Alzheimer's disease: Systematic review and meta-analysis of community-based cohort studies. The British Journal of Psychiatry, 202 (5), S. 329–335.
Dykierek P, Scheller E (2018): Sucht und Depression im Alter: Grundlagen und psychotherapeutische Interventionen. In Hoff T (Hrsg.) Psychotherapie mit Älteren bei Sucht und komorbiden Störungen. 1. Aufl. Heidelberg: Springer. S. 95–115.
Ehring T (2019): Kognitive Verhaltenstherapie. In: A. Maercker (Hrsg.) Traumafolgestörungen. Heidelberg: Springer, S. 251 ff.
Förstl H, Kleinschmidt C (2011): Demenz Diagnose und Therapie. Stuttgart: Schattauer.

Francis JL, Kumar A (2013) Psychological treatment of late-life depression. The Psychiatric Clinics of North America, 36(4), 561–575.

Frank E (1991): Interpersonal psychotherapy as a maintenance treatment for patients with recurrent depression. Psychotherapy: Theory, Research, Practice, Training, 28 (2), S. 259–266.

Gilbert P (2011): Mitgefühl. Freiburg: arbor.

Hagena S, Gebauer M (2014): Therapie-Tools Angststörungen. Weinheim: Belz.

Hautzinger M (2016): Depression im Alter: Psychotherapeutische Behandlung für das Einzel- und Gruppensetting. Psychologie Verlagsunion.

Hautzinger M, Keller F, Kühner C (2006): BDI-II – Beck-Depressions-Inventar Revision (2. Aufl.). Hogrefe Verlag. (https://www.testzentrale.de/shop/beck-depressions-inventar.html, Zugriff am 12.02.2021).

Hedlund S (2011): Mit Stift und Stuhl. Illustrationen und Stuhlübungen für Psychotherapie, Beratung und Coaching. Heidelberg: Springer.

Hegeman JM, Kok RM, van der Mast RC et al. (2012) Phenomenology of depression in older compared with younger adults: Meta-analysis. The British Journal of Psychiatry: The Journal of Mental Science, 200(4), 275–281.

Hinrichsen GA, Clougherty KF (2006): Interpersonal psychotherapy for depressed older adults (S. xvii, 227). American Psychological Association.

Holt-Lunstad J, Smith TB, Layton JB (2010): Social Relationships and Mortality Risk: A Meta-analytic Review. PLOS Medicine, 7 (7).

Huxhold O, Engstler H (2019): Soziale Isolation und Einsamkeit bei Frauen und Männern im Verlauf der zweiten Lebenshälfte. In Vogel C, Wettstein M, Tesch-Römer C (Hrsg.) Frauen und Männer in der zweiten Lebenshälfte: Älterwerden im sozialen Wandel. Heidelberg: Springer Fachmedien, S. 71–89.

Jacobi F (2014): Psychische Störungen in der Allgemeinbevölkerung. (https://www.psychologische-hochschule.de/wp-content/uploads/2019/07/jacobi-degs-praevalenzen-nervenarzt_2014_incl-erratum.pdf, Zugriff am 25.07.2020).

Jacobi F, Höfler M, Strehle J et al. (2014): Psychische Störungen in der Allgemeinbevölkerung: Studie zur Gesundheit Erwachsener in Deutschland und ihr Zusatzmodul Psychische Gesundheit (DEGS1-MH). Der Nervenarzt, 85 (1), S: 77–87.

Johnstone M (2008): Mein schwarzer Hund: Wie ich meine Depression an die Leine legte. München: Kunstmann.

Kessler E-M, Blachetta C (2020): Age cues in patients' descriptions influence treatment attitudes. Aging & Mental Health, 24 (1), S. 193–196.

Kessler E-M, Tegeler C (2018): Psychotherapeutisches Arbeiten mit alten und sehr alten Menschen. Psychotherapeut, 63 (6), S. 501–518.

Kiesler D (1996): Contemporary Interpersonal Theory and Research. Personality, Psychopathology, and Psychotherapy. John Wiley & Sons.

Kiosses DN, Ravdin LD, Gross JJ et al. (2015): Problem adaptation therapy for older adults with major depression and cognitive impairment: A randomized clinical trial. JAMA Psychiatry, 72 (1), S. 22–30.

Knight BG, Juang C, Poon CYM (2015): Lebensspannenpsychologischer Ansatz der Alterspsychotherapie. In: Maercker A (Hrsg.) Alterspsychotherapie und klinische Gerontopsychologie. Heidelberg: Springer. S.71-88.

Kriston L, von Wolff A, Westphal A et al. (2014): Efficacy and Acceptability of Acute Treatments for Persistent Depressive Disorder: A Network Meta-Analysis. Depression and Anxiety, 31 (8), S. 621–630.

Kubat H, Bahro M (2001): Ressourcenaktivierung bei depressiven älteren Patienten. Fortschritte der Neurologie Psychiatrie, 69 (1), S. 10–18.

Leigh-Hunt N, Bagguley D, Bash K et al. (2012): An overview of systematic reviews on the public health consequences of social isolation and loneliness. Public Health, 152: S. 157-171.

Lee SL, Pearce E, Ajnakina O et al. (2021): The association between loneliness and depressive symptoms among adults aged 50 years and older: a 12-year population-based chort study. The Lancet Psychiatry, 8 (1), S. 48–57.

Lindenberger U, Smith J, Mayer KU (2009): Die Berliner Altersstudie, 3. Auflage. Berlin: Akademie Verlag.
Lindenmeyer J (2005): Alkoholabhängigkeit, 2., überarbeitete Auflage. Göttingen: Hogrefe.
Luppa M, Sikorski C, Luck T et al. (2012): Age- and gender-specific prevalence of depression in latest-life – Systematic review and meta-analysis. Journal of Affective Disorders, 136 (3), S. 212–221.
Maercker A (2003): Alterspsychotherapie. Psychotherapeut, 48 (2), S. 132–149.
Maercker A (Hrsg.) (2015): Alterspsychotherapie und klinische Gerontopsychologie, 2. Auflage. Heidelberg: Springer.
Maercker A, Forstmeier S (Hrsg.) (2013): Der Lebensrückblick in Therapie und Beratung. Heidelberg: Springer.
Markowitz JC (2021): In the Aftermath of the Pandemic: Interpersonal Psychotherapy for Anxiety, Depression, and PTSD. Oxford: University Press.
McCullough JP (2006): Psychotherapie der chronischen Depression: Cognitive Behavioral Analysis System of Psychotherapy – CBASP. München: Urban & Fischer.
Miller MD & Reynolds CF III (2006): Expanding the usefulness of Interpersonal Psychotherapy (IPT) for depressed elders with co-morbid cognitive impairment. Int J Geriatric Psychiatry, 22: S. 101–105.
Memory Clinic (2021): Die Neuropsychologische Testbatterie CERAD-Plus. (https://www.memoryclinic.ch/de/main-navigation/neuropsychologen/cerad-plus/, Zugriff am 18.08.2021).
Morris JC, Mohs RC, Rogers H et al. (1988): Consortium to establish a registry for Alzheimer's disease (CERAD) clinical and neuropsychological assessment of Alzheimer's disease. Psychopharmacology Bulletin, 24 (4), S. 641–652.
Nasreddine ZS, Phillips NA, Bédirian V et al. (2005): The Montreal Cognitive Assessment, MoCA: A brief screening tool for mild cognitive impairment. Journal of the American Geriatrics Society, 53 (4), S. 695–699.
Nelson HE (2011): Kognitiv-Behaviorale Therapie bei Wahn und Halluzinationen. Ein Therapieleitfaden. Stuttgart: Schattauer.
Noyon A, Heidenreich T (2012): Existenzelle Perspektiven in Psychotherapie und Beratung. Weinheim: Belz.
Nübel J, Guhn A, Müllender S et al. (2020): Persistent depressive disorder across the adult lifespan: Results from clinical and population-based surveys in Germany. BMC Psychiatry, S. 20.
Parrsons T (1951) Social Patterns of Ilness and Care J Health Behav, 6: S. 2–16.
Peters M, Jeschke K, Peters L (2013): Ältere Patienten in der psychotherapeutischen Praxis – Ergebnisse einer Befragung von Psychotherapeuten. PPmP – Psychotherapie Psychosomatik Medizinische Psychologie, 63 (11), S. 439–444.
Peters M, Lindner R. (2019): Psychodynamische Psychotherapie im Alter: Grundlagen, Störungsbilder und Behandlungsformen. Stuttgart: Kohlhammer.
Reddemann L (2018): Kriegskinder und Kriegsenkel in der Psychotherapie, 5. Auflage. Stuttgart: Klett-Cotta.
Reynolds CF 3rd, Dew MA, Pollock BG et al. (2006): Maintenance treatment of major depression in old age. N Engl J Med, 354 (11): S. 1130–8.
Reynolds CF 3rd, Frank E, Perel JM et al. (1999): Nortriptyline and interpersonal psychotherapy as maintenance therapies for recurrent major depression: a randomized controlled trial in patients older than 59 years. JAMA, 281 (1): S. 39–45.
Rosner R, Pfoh G, Rojas R et al. (2015): Anhaltende Trauerstörung: Manuale für die Einzel- und Gruppentherapie. Göttingen: Hogrefe.
Schramm E, van Calker D, Dykierek P et al. (2007): A randomized controlled study of Interpersonal Psychotherapy plus Pharmacotherapy inpatients for severely depressed. Am J Psychiatr ,164 (5): S. 768-77.
Schramm E, Klecha D (2010): Interpersonelle Psychotherapie in der Gruppe. Stuttgart: Schattauer.
Schramm E (2021): Interpersonelle Psychotherapie. In: Rief W, Strauß B, Schramm E (Hrsg.) Psychotherapie: Ein kompetenzorientiertes Lehrbuch. München: Elsevier

Schramm E (2019): Interpersonelle Psychotherapie, 4. Auflage. Stuttgart: Schattauer.
Schramm E, Klein D, Elsaesser M et al. (2020): Review of dysthymia and persistent depressive disorder: history, correlates, and clinical implications. Lancet Psychiatry.
Schramm E, Thiel N (2008): unpublished manuscript.
Schulberg HC, Post EP, Raue PJ et al. (2007): Treating late-life depression with interpersonal psychotherapy in the primary care sector. Int J Geriatr Psychiatry, 22 (2):106–14.
Shear MK, Frank E, Houck PR et al. (2005): Treatment of complicated grief: a randomized controlled trial. JAMA 293, S. 2601–2608.
Shear MK (2010): Complicated grief treatment: the theory, practice and outcomes. Bereave Care, 29 (3): S 10–14.
Shear MK, Wang Y, Skritskaya N et al. (2014): Treatment of complicated grief in elderly persons: a randomized clinical trial. JAMA psychiatry, 71 (11): S. 1287–95.
Sullivan HS (1953) The interpersonal Theory of Psychiatry. New York: Norton.
Steunenberg B, Beekman ATF, Deeg DJH et al. (2010): Personality predicts recurrence of late-life depression. Journal of Affective Disorders, 123: S. 164–172.
Strobe M, Shut H (1999): The dual process of coping with bereavement: rationale and description. Death Stud, 23(3): S. 197–224.
Van der Veen DC, Zelst WH, Schoevers RA et al. (2015): Comorbid anxiety disorders in late-life depression: Results of a cohort study. International Psychogeriatrics, 27 (7): 1157–1165.
Van Schaik A, van Marwijk H, Ader H et al. (2006): Interpersonal psychotherapy for elderly patients in primary care. Int J Geriatr Psychiatry, 14 (9):777–86.
Vogel C, Wettstein M, Tesch-Römer C (2019): Frauen und Männer in der zweiten Lebenshälfte: Älterwerden im sozialen Wandel. Heidelberg: Springer Fachmedien.
Volkert J, Schulz H, Härter M et al. (2013): The prevalence of mental disorders in older people in Western countries – a meta-analysis. Ageing Research Reviews, 12 (1): S. 339–353.
Wagner B (2015): Komplizierte Trauer: Grundlagen, Diagnostik und Therapie. Heidelberg: Springer.
Walendzik A, Rabe-Menssen C, Lux G et al. (2014): Zur Versorgungslage im Bereich der ambulanten Psychotherapie – Ergebnisse einer Erhebung unter den Mitgliedern der Deutschen Psychotherapeuten Vereinigung (DPtV). Das Gesundheitswesen, 76(3): S. 135–146.
Weissman MM, Markowitz JC, Klerman G (2018): Comprehensive guid to interpersonal psychotherapy. New York: Basic Books.
Wengenroth M (2017): Akzeptanz und Commitment Therapie (ACT). Weinheim: Belz.
Wettstein M, Spuling SM (2019): Lebenszufriedenheit und depressive Symptome bei Frauen und Männern im Verlauf der zweiten Lebenshälfte. In Vogel C, Wettstein M, & Tesch-Römer C (Hrsg.), Frauen und Männer in der zweiten Lebenshälfte: Älterwerden im sozialen Wandel. Heidelberg: Springer Fachmedien. S. 53–70.
Wilkinson P, Izmeth Z (2016): Continuation and maintenance treatments for depression in older people. The Cochrane Database of Systematic Reviews, 9.
Wüstel JM (2018): Männliche Depression. Weinheim: Beltz.
Yalom ID (2008): Im Hier und Jetzt. Richtlinien der Gruppenpsychotherapie. München: btb.
Yesavage J, Sheikh JI (1986): Geriatric Depression Scale (GDS). Clinical Gerontologist, 5 (1–2): S. 165–173.
Zietemann V, Zietemann P, Weitkunat R et al. (2007): Depressionshäufigkeit in Abhängigkeit von verschiedenen Erkrankungen bei geriatrischen Patienten. Der Nervenarzt, 6.

Die Autorinnen

Dr. phil. Petra Dykierek
Psychologische Psychotherapeutin, Klinik für Psychiatrie und Psychotherapie, Universitätsklinikum Freiburg, Medizinische Fakultät, Albert-Ludwigs-Universität Freiburg. Arbeitsschwerpunkte: Psychotherapie affektiver Störungen im Alter, Neuropsychologische Diagnostik. Dozentin und Supervisorin am Freiburger Ausbildungsinstitut für Verhaltenstherapie Freiburg (FAVT), IPT-Therapeutin und Supervisorin, Schematherapeutin.

Dr. phil. Elisa Scheller
Psychologische Psychotherapeutin, niedergelassen in eigener Praxis in Freiburg im Breisgau. Dozentin am Freiburger Ausbildungsinstitut für Verhaltenstherapie (FAVT); IPT-Therapeutin und -Trainerin.

Prof. phil. Dr. Elisabeth Schramm
Psychologische Psychotherapeutin, Supervisorin, Klinik für Psychiatrie und Psychotherapie, Universitätsklinikum Freiburg, Medizinische Fakultät, Albert-Ludwigs-Universität Freiburg; Sektionsleiterin »Psychotherapieforschung in der Psychiatrie«. Arbeits- und Forschungsschwerpunkte: Psychotherapieoutcome- und Prozessforschung im Bereich affektiver- und Persönlichkeitsstörungen. Begründerin und Präsidentin der Deutschen Gesellschaft für Interpersonelle Psychotherapie (DGIPT) und des CBASP-Netzwerk e. V. Einführung dieser störungsspezifischen interpersonellen Ansätze im deutschsprachigen Raum. IPT-Therapeutin, Trainerin und Supervisorin.